Uranus – Der Alchemist des Zeitalters

K. Parvathi Kumar

Uranus

Der Alchemist des Zeitalters

Edition Kulapati

Erste Auflage 2010

© 2009 1st Edition, The World Teacher Temple / Dhanishta,
   Visakhapatnam A.P., India
© 2010 1. Aufl., Edition Kulapati im World Teacher Trust e.V.,
   Wermelskirchen, http://www.kulapati.de
Alle Rechte vorbehalten

Bibliografische Information Der Deutschen Bibliothek
Die Deutsche Bibliothek verzeichnet diese Publikation in der Deutschen Nationalbibliografie; detaillierte bibliografische Daten sind im Internet über http://dnb.ddb.de abrufbar.

URANUS – DER ALCHEMIST DES ZEITALTERS / K. Parvathi Kumar
1. Auflage – Wermelskirchen : Edition Kulapati, 2010
Einheitssachtitel: URANUS – THE ALCHEMIST OF THE AGE <dt.>
ISBN: 978-3-930637-45-4

Übersetzung, Lektorat und Produktion des Buches wurden durch das gemeinsame Bemühen von Personen realisiert, die sich dem Werk von Dr. K. Parvathi Kumar verbunden fühlen.

Druck und Bindung: agentur fischer, Köln

Printed in Germany

Inhalt

Einführung.................................. 8
Gruppenbewusstsein........................ 11
Dienst..................................... 13
Uranus – eine Einführung 21
  1. Der vierfältige Schlüssel des Uranus....... 24
    Symbol und Farbe 27
    Klang................................ 29
    Zahl................................. 30
  2. Klein ist nicht klein, groß ist nicht groß 34
  3. Nicht nur mit dem Gehirn denken 40
  4. Weitsichtig denken..................... 53
  5. Uranus ist gegen Unterdrückung,
    Missbrauch, Gewalt 63
    Religiöse Unterdrückung 63
    Imperialistische Unterdrückung 66
    Unterdrückung der Sexualität........... 70
    Unterdrückung der Schwachen
    durch die Starken 72
    Die Unterdrückung des Körpers 74
    Das Unterdrücken von Krankheiten 78
    Homöopathie......................... 81
  6. Uranus kümmert sich nicht um die
    öffentliche Meinung.................... 85

7. Uranus ist die Brücke zwischen
   Irdischem und Überirdischem 95
8. Planeten sind die Übermittler der
   Uranusenergie im neuen Zeitalter 109
9. Uranus und die sieben Strahlen 127
10. Uranus und die Sonnenzeichen 139
11. Uranus arbeitet durch die *Nâdîs* 150
12. Uranus und die menschliche Aura 160
13. Uranus verleiht Originalität 173
14. Uranus und das Elektron 198
15. Metaphysik – Quantenphysik – Uranus ... 207
16. Radioaktivität wird von Uranus regiert ... 240
17. Uranus ist abrupt und plötzlich 244
18. Machtvolle Vorstellungskraft........... 250
19. Uranus, der hauslose Wanderer 261
20. Uranus und Freundlichkeit............ 270
21. Vom Raum zum Atom 280
22. Uranus – Klang – *Kundalinî* 285
23. Uranus und der Äther................ 308
24. Uranus und die Siebenerzyklen 313
    1. Zyklus (0-7 Jahre) 314
    2. Zyklus (7-14 Jahre)............... 316
    3. Zyklus (14-21 Jahre).............. 320
    4. Zyklus (21-28 Jahre).............. 323
    5. Zyklus (28-35 Jahre).............. 325

6. Zyklus (35-42 Jahre) 326
  7. Zyklus (42-49 Jahre) 328
  8. Zyklus (49-56 Jahre) 329
  9. Zyklus (56-63 Jahre) 330
  10., 11. und 12. Zyklus (63-84 Jahre) 332
25. *Varuna – Vena* – Neutralisierung des
  Karma 334
Anhang 341
  I. Nützliche wissenschaftliche
  Informationen für *Yoga*-Studenten 341
  II. Tabelle zu den sieben Strahlen 343
  III. Über den Verfasser 347
  IV. Über den Verlag 349

Dieses Buch entstand aus Vorträgen, die während eines Seminars zum May Call 2001 in Iguazu, Brasilien gegeben wurden.
Hinweis: Sanskrit-Begriffe sind kursiv geschrieben

Einführung

Herzliche brüderliche Grüße und gute Wünsche den Brüdern und Schwestern, die heute hier versammelt wurden.

Ich weiß, dass viele von weither gekommen sind. Das Reisen ist zweifältig. Auch die verborgene Distanz ist zweifältig. Von der Reise, über die wir sprechen, ist der erste Aspekt die scheinbar äußere Reise aus Indien, Europa, Mittelamerika, dem nördlichen Teil von Südamerika und vielen Teilen Argentiniens. Es gibt noch eine andere Reise, die verborgen ist – ein großer Teil liegt im Verborgenen. Das ist die Reise der individuellen Seele in ihrem Drängen, die Persönlichkeit zu überwinden und die dafür nötigen Werkzeuge anzusammeln, um das Transzendieren der Persönlichkeit zu ermöglichen. Diese Reise der Seele ist verborgen und nicht messbar. Der Zweck unseres Zusammenseins liegt in der Wahrheit begründet, dass es in jedem von uns die Geburt des Bewusstseins gibt, und wir versuchen, dieses Bewusstsein zu nähren und zu stärken, damit es seinen Ausdruck durch die Persönlichkeit finden kann. Das Bemühen der

Seele, sich durch den Träger der Persönlichkeit auszudrücken, hält den Aspiranten in vielerlei Hinsicht ausschließlich mit dem Ziel beschäftigt, dass sich eines Tages die Seele über die Persönlichkeit stellt und die Glückseligkeit des Lebens erfahren werden kann. In diesem Bemühen gibt es Gewinnen und Verlieren zwischen Seele und Persönlichkeit. Manchmal gewinnt die Persönlichkeit und manchmal gewinnt die Seele – die Fähigkeit, zwischen den beiden Freundlichkeit zu finden, nennt man Jüngerschaft. Das Ziel ist, dass die Seele die Persönlichkeit umwandelt. Für diesen Zweck gibt es Tausende von Instrumentarien und Anweisungen, und es wird ein Weg aufgezeigt, den man beschreiten sollte. Dieser Weg ist so alt wie das Universum selbst. Diesen Weg hat es immer gegeben, und er wird immer für diejenigen Aspiranten existieren, die ihm folgen wollen. Dem ernsthaft Strebenden wird sich dieser Weg offenbaren.

In jedem Gruppenleben werden Dinge aufgenommen, um die Seele zu stärken, so dass sie ein besseres Verhältnis zur Persönlichkeit bekommt. In dem Maße wie sich unser Verhältnis zur Persönlichkeit verbessert, entsteht größere

Harmonie in uns und in unserer Umgebung. Wird der Umgang mit der Persönlichkeit freundlicher, nimmt die Qualität der vertikalen Ebene zu, und gleichzeitig findet eine Verbesserung der horizontalen Ebene statt. Wenn also die Seele in der Vertikalen mehr Boden gewinnt, wird es in der Horizontalen auch größere Harmonie mit der Persönlichkeit geben. Dadurch können sich immer mehr die Qualitäten des Willens, des Lichts und der Liebe zum Ausdruck bringen. Das heißt, dass es die Arbeit der Seele ist, über die Persönlichkeit mehr Qualität in der Horizontalen zu manifestieren. Jüngerschaft bemisst sich an der Größe der qualitativen Verbesserung auf der vertikalen und der horizontalen Ebene. Wenn wir mehr und mehr Seelenqualität in die Persönlichkeit bringen, sind die Früchte als Harmonie um uns herum sichtbar. Dagegen bedeuten Konflikte in unserer Umgebung, die natürlich in unser persönliches Leben hineinspielen, dass die Persönlichkeit noch überwiegt. Finden solche Konflikte nicht statt, dann regiert die Seele über die Persönlichkeit.

Gruppenbewusstsein

Erinnern wir uns: Das Maß der Jüngerschaft zeigt sich in ihrer Nützlichkeit für das uns umgebende Leben. Von welcher Qualität ist unsere Beziehung zur Gruppe? Solange man nicht sein eigenes Ego opfert, ist es nicht möglich, gute Beziehungen zur Gruppe aufzubauen. Es ist nicht einfach, seine Persönlichkeit oder sein Ego über Nacht zu opfern. Das erfordert eine selbst auferlegte Disziplin. Die Gruppeninteressen sind wichtiger als die eigenen Interessen. Die Erfordernisse der Gruppe haben vor den individuellen Erfordernissen Priorität. Der eigene Fortschritt steht hinter dem Fortschritt der Gruppe. An erster Stelle sollte die Gruppe stehen und man selbst an zweiter Stelle. Dieses Prinzip beginnt mit der Familie als Gruppe, und dann folgen die anderen. Wenn wir vernachlässigen, richtige Beziehungen um uns herum aufzubauen, bedeutet das, dass wir keine großen Fortschritte machen.

Das Wassermannzeitalter, in dem dieses Gruppenbewusstsein große Bedeutung hat, kann uns nur dann ein richtig glückseliges Leben schenken, wenn wir uns für das Wohl des uns umgebenen Lebens einsetzen und uns verantwortlich für das Leben anderer fühlen und respektvoll damit umgehen. Das individuelle Wachstum sollte dem Wohlergehen der Gruppe untergeordnet sein. Wir sollten versuchen, uns weiter auszubilden, damit wir häufiger und besser dienen können.

Dienst

Man sagt, dass im Wassermannzeitalter die Gruppe der Meister ist. Der Gruppe zu dienen heißt, dem Meister zu dienen. Dem individuellen Meister zu dienen entspricht dem Verständnis des Fischezeitalters. Dem Meister zu dienen, ihn als Gruppenbewusstsein zu visualisieren, entspricht der Praxis des Wassermannzeitalters. Auf diese Weise entsteht eine Erweiterung des Meisterbegriffs vom individuellen Meister zum Gruppenmeister. Schließlich entfaltet sich die Vorstellung vom persönlichen Meister zum universellen Meister, dem *Jagad Guru*. Das Universum ist die universale Form des Meisters. Eine Form im Universum ist gleichzeitig auch eine Form des Meisters. Der Schlüssel zur Synthese ist, wenn man eine Form des Meisters mit der Form des universalen Meisters in Beziehung bringt.

Was es heißt, der Gruppe zu dienen, können wir oft in Büchern nachlesen oder von Lehrern hören. Leider reden Aspiranten viel zu viel über das Dienen der Gruppe. Je mehr man spricht, desto weniger tut man. Reden allein hilft nicht

– das ist nur Geschwätz. Es gibt unzählige Möglichkeiten, einem Mitmenschen zu helfen. Die ernsthafte Suche nach einem Weg, wie man einem anderen helfen kann, unterstützt dabei, selbst voranzuschreiten. Im Okkultismus gibt es keinen selbstbezogenen Fortschritt. Selbsterlösung ist eine Falle auf dem Weg. Dass ich Gott eher als alle anderen erreichen kann, dass ich höhere Einweihungen schneller als andere nehmen kann – dies ist ein Irrtum auf dem Weg. Einweihungen geschehen in dem Maße, wie man intensiv damit beschäftigt ist, anderen zu dienen. Dem Ausmaß unseres Dienstes entsprechend entfaltet sich das Licht in uns.

Es gibt keinen anderen Weg, als immer mehr Qualität zum Ausdruck zu bringen. Dafür braucht man den Willen. Eine andere Bezeichnung für diesen Willen ist Aspiration. In der Meditation sollte dieser Wille genutzt werden, um die Seele auf die Universalseele auszurichten. Diese Ausrichtung bewirkt, dass die göttlichen Qualitäten Wille, Liebe und Licht herabsteigen können. Das ist die vertikale Arbeit, die man täglich vornehmen sollte. Die Energien, die sich durch eine solche Ausrichtung entwickeln, sollten in Zeiten der Aktivität für das Lebensumfeld bereitgestellt werden. Das ist die horizontale Arbeit. Jede Meditation sollte dazu dienen, das Einströmen der Energien von der Universalseele zur Seele und von der Seele zur Persönlichkeit zu ermöglichen. Die Persönlichkeit kann dann die vorhandenen Energien durch persönliches Handeln zielgerichtet an die Umgebung weitergeben. Es ist gut, wenn die vertikale und die horizontale Arbeit in der gleichen Schwingung sind. Zwischen ihnen sollte ein rechter Winkel erarbeitet werden. Gelingt es nicht, eine bessere Umsetzung in der horizontalen Aktivität zu erreichen, kann nicht viel durch Meditation gewonnen werden.

Ein höheres Bewusstsein ist nicht möglich, wenn man einen Mitmenschen vernachlässigt. Nur um den Mitmenschen in einer noch besseren Weise dienen zu können, sollte man sich durch okkulte Praktiken besser ausrüsten. Wer auf dem Gebiet der Heilung arbeitet, könnte herausfinden, auf welche Weise er seine Ausbildung erweitern kann, um besser zu heilen. In Bezug auf Heilung gibt es Therapien, Naturwissenschaften, psychologische Wissenschaften und okkulte Wissenschaften. Der drängende Wunsch zu heilen ermöglicht das Öffnen von Türen für die nötigen Fähigkeiten. Dieses Drängen ist feurige Aspiration. Ähnlich ist es, wenn jemand lehrt, dann sollte er den Drang verspüren, wertvolle Lehren zu geben, die für das tägliche Leben praktisch und lebbar sind. Dies ist möglich, wenn der Lehrer sich während des Unterrichts auf die zuhörenden Seelen einstimmt. Das größere Problem ist, dass wir zu viel und zu laut über Lehren, Heilen und andere Arten des Dienstes sprechen. Einfache praktische Schritte werden vernachlässigt. Der Wunsch zu dienen wird von dem Bedürfnis nach Selbstbestätigung und Anerkennung ersetzt. Sich selbst zu verbessern wird dabei unter den Teppich gekehrt. Das ist seltsam, aber wahr. Es ist häufig so. „Menschen reden viel, tun aber wenig", flüstern die Mitglieder der Hierarchie. Weisheit, die nicht dabei hilft, die eigenen Lebensmuster zu verbessern, ist eine Weisheit, die man nicht assimilieren und behalten kann.

Das Lehren als Dienst sollte den Menschen dabei helfen, ihre Lebensweise zu verbessern. Es sollte ihnen gute Werkzeuge in die Hand geben und Techniken vermitteln, um die Denkmuster umzuschulen und neu auszurichten.

Wenn Aspiranten solchen Lehren zuhören, dann sollten sie eine höhere Qualität im Leben zum Ausdruck bringen und den nötigen Antrieb erhalten, um ein Gleichgewicht zwischen ihrem sozialen, ökonomischen und häuslichen Leben herzustellen. In dieser Hinsicht wird Lehren als vertikale Aktivität und das Zuhören als horizontale Aktivität gesehen. Ein Lehrer verhilft dem Schüler zu einer allmählichen qualitativen Verbesserung seines Lebens. Wenn das nicht geschieht, hat das Lehren keinen Sinn. Ebenso wenig sinnvoll ist das Heilen, wenn es beim Patienten nicht zu einer weniger ungesunden Lebensweise führt. Der Patient sollte dahin geführt werden, so zu leben, dass er nicht so schnell krank wird. Ein guter Heiler heilt den Verstand und den Körper und ermöglicht der Seele, in Harmonie mit ihrem Körper und Verstand zu leben. Das geschieht schrittweise.

Die gesamte menschliche Aktivität besteht aus Dienst an Menschen, Tieren, Pflanzen oder Mineralien. Die Menschen sind zum Dienen geboren. Wie andere Lebewesen müssen sie sich innerlich ausrichten, um zu wissen, wie man dient – und wenn sie wissen, wie man dient, dann sollten sie dienen. Sie sollten sich anstrengen, damit sie jeden Tag etwas besser dienen können. Das sollte die noble Arbeit eines Aspiranten sein. Das Wissen, das in einem Gruppenleben gegeben wird, ist dafür da, der Gruppe zu helfen, sich besser auszurichten, um dadurch besser zu verstehen und schließlich effektiver dienen zu können. Das soll auch das Thema dieses Gruppenlebens sein.

Im Wassermannzeitalter ist die Fähigkeit, Wissen und Fertigkeiten umzusetzen das einzige Maß. Der Wissensumfang ist nicht das Maß für das Licht, das man im Wassermannzeitalter in sich trägt. Wassermann ist das elfte Sonnenzeichen. In der Astrologie sagt das elfte Haus etwas über Gruppenbeziehung und über das soziale Verhalten aus. Von welcher Qualität sind diese Beziehungen? Wie viel wird mit der Gruppe oder der Gesellschaft geteilt? Was verteile ich an die Gruppe oder die Gesellschaft? Bin ich nützlich für die Gruppe oder benutze ich die Gruppe? Dieses muss herausgefunden werden. Aspiranten, die keine guten Beziehungen zur

Gruppe haben, können sich keine großen Hoffnungen auf die vertikale Entwicklung machen. „Benutze nicht die Gruppe, sondern sei nützlich für die Gruppe" – ist die Aussage. Teilen, Mitarbeiten, Verteilen und dem Ganzen dienen – das sind die Saatgedanken für das, was der Himmel übermittelt. Benutze das Wissen nicht als Zierrat, schmücke nicht dein Selbst mit den Ornamenten aus Wissenskonzepten; nutze es für eine qualitative Verbesserung für dein Selbst und für die Gesellschaft. Die Großen lehnten sogar den Himmel ab, um den Geschicken der Erde weiter zu dienen. Sie sind unser Vorbild. Ihnen gilt unsere Anbetung und Verehrung.

Ich erinnere mich an ein Gebet von Khalil Gibran. In einer seiner Geschichten schreibt er: Eine Mutter erzählt abends ihrem Kind: „Bete zum Herrn und schlafe." Das Kind fragt: „Wie geht das Beten?" Die Mutter antwortet: „Das Beten geht so: Bitte Gott, dass alle Wesen in der Nacht gut schlafen, ohne Probleme, ohne Sorgen, dass alle Wesen ein Dach über dem Kopf und genug zu essen haben, und dass alle Wesen genügend Licht erhalten, um das Leben zu erfahren." Gebete für das eigene Wohlergehen sind eine Klasse für sich, aber Gebete für das Wohlergehen aller sind von einer höheren Klasse. Solche Gebete sind auch ein Dienst. So sollten Gebete in der heutigen Zeit sein. Erinnert euch bitte daran, wir leben in einer Zeit, in der der Aufstieg dem anschließenden Abstieg dient. Man klettert auf den Baum, um Früchte zu pflücken, aber nur, damit man wieder hinabsteigt und die Früchte mit anderen teilt. Die Gruppe steht an erster Stelle, vor der eigenen Person. Wenn dieses Denken nicht in unserer Vorstellung existiert, kann man in der gegenwärtigen Zeit keinen großen Fortschritt machen. Meines Bruders Bedürfnisse sind meine Bedürfnisse, meines Bruders Probleme sind auch meine Probleme – diese Art von Identität gegenüber unseren Mitmenschen ist wichtig. Soweit wir diese Einstellung im Bewusstsein tragen, ist Uranus der Planet, der uns intuitiv die Mittel zu dienen gibt. Aus diesem Grund werden für dieses Seminar **die Prinzipien und Qualitäten von Uranus** vorgeschlagen.

Uranus – eine Einführung

Uranus ist der planetarische Formaspekt von *Varuna* – der höchsten kosmischen Intelligenz – die mit *Mitra* gemeinsam die beiden Schöpfungszwillinge bilden. *Varuna* ist die supra-kosmische feminine Energie, die in den aufeinander folgenden Stadien alternierend maskulin wird. Der Einfluss *Varunas* auf unser Sonnensystem erfolgt durch den Planeten Uranus. Im Jahr 1781 wurde Uranus für diesen Zyklus wiederentdeckt. Damit wurde die Ausrichtung der gegenwärtigen planetarischen Menschheit auf die Energien von *Varuna* eingeleitet. Es ist nicht das erste Mal, dass Uranus entdeckt wurde, auch wenn es im gegenwärtigen Zyklus so gesagt wird. Uranus war den Griechen bekannt als der Herr des Raumes. Der griechischen Mythologie zufolge war Uranus der Vater des Kronos und der Großvater des Zeus. In den indischen *Purânen* und der indischen Mythologie heißt es, dass er gemeinsam mit *Mitra* das supra-kosmische Zwillingsprinzip darstellt. Jedes Mal, wenn die Menschheit eine besondere Energie im Universum entdeckt, bedeutet es einfach, dass diese Energie entschieden hat, für die menschliche Entwicklung zu arbeiten. Ähnliche Arbeit hat Uranus schon vorher getan und wird es wieder tun, um eine Epoche wissenschaftlicher Entwicklung und entsprechender Bewusstseinsentfaltung einzuleiten. Die Schönheit von Uranus ist, dass er das Bewusstsein von der Materie hin zum Geistigen erweitert und enthüllt und es somit den Menschen, die mehr der Materie als dem Geistigen zugeneigt sind, annehmbarer macht.

Gewisse Dimensionen von Uranus und *Varuna* – wie sie aus der alten Weisheit bekannt sind – sollen dem nachdenklichen Leser präsentiert werden.

Meister *CVV*, eine hohe Seele aus dem *Ashram* des Meister Jupiter, sagte, dass er die Energien von *Varuna* über die planetarische Hierarchie von Sirius, Uranus, Jupiter und Saturn gelenkt hat und den alten *Yoga* mit dem *Varuna*-Prinzip (Uranus) verbunden hat, um den *Yoga*-Prozess zu beschleunigen. Der *Yoga*-Prozess ist ein Transformationsprozess von einem weltlichen Menschen zu einem Gottessohn, der in sich und um sich herum das Reich Gottes verwirklicht. Die Wissenschaft des *Yoga* ist so alt wie die Schöpfung. Von Zeit zu Zeit ist es erforderlich, sie den wechselnden Zeiten entsprechend anzupassen. Man sagt, dass der *Yoga* zuerst vom Herrn der Zeit gegeben wurde, später von *Patanjali* und noch später von Lord *Krishna*. Jeder dieser Lehrer vereinfachte die Wissenschaft entsprechend den zeitgemäßen Bedingungen, um diejenigen, die sich wandeln möchten, in diese Wissenschaft einzuführen.

Während die Menschheit bereits durch einige vorläufige uranische Anpassungen gegangen ist, wurde von Meister *CVV* die Dimension hinzugefügt, wie man Zeit und Raum gewinnen kann. Daher ist dieses Gruppenleben dafür gedacht, die Studenten des *Yoga* mit dem Wirken der uranischen Prinzipien vertraut zu machen.

Varuna ist der kosmische Herr, während Uranus ein planetarischer Körper ist. Je nach dem Zusammenhang sind diese beiden austauschbar. Der Leser möge das gut verstehen.

1. Der vierfältige Schlüssel des Uranus

Da wir hier zum May Call zusammenkommen, um die Energien des Wassermann-Meisters anzurufen, werden wir über einige Aspekte von Uranus, den herrschenden Planeten des Wassermanns, sprechen.

Uranus ist ein durchdringendes Prinzip. Es gibt nichts, das die uranische Energie nicht durchdringen kann. Sie kann tief nach unten dringen, in die dunkelsten Ecken und dort Licht spenden. Die Durchdringung von Uranus ist unvergleichlich. Es gibt keinen Ort, den sie nicht erreichen kann. Alles, was die Wissenschaft in den letzten 100 Jahren erfunden hat, ist dem Einfluss von Uranus zu verdanken. Uranus, der Herrscher des Wassermanns und auch des Skorpions, bringt die nötigen Veränderungen mit sich, um das neue Zeitalter einzuleiten. Auf allen Gebieten gibt es ein Wiedererwachen und Wiederbeleben, ein Anheben der Werte und Zerstören falscher Werte sowie eine beschleunigte Entwicklung durch fortlaufende Krisen. Dies alles geschieht durch die Stimulierung der Uranusenergien.

In der *vedischen* Terminologie wird Uranus *Varuna* genannt, und *Varuna* ist der Herr des Westens. Aus diesem Grund sagt Meister *CVV*: „Meine Arbeit beginnt im Westen. Meine Arbeit gilt nicht dem Geistigen, meine Arbeit dient der Materie." Materie steht für den Westen, Geist für den Osten. Ost und West sind als *Mitra* und *Varuna* bekannt. *Varuna* ist die supra-kosmische Intelligenz, die sich der materiellen Seite der Dinge, direkt von der Wurzelmaterie aus, widmet. Die Geburt der Materie aus dem Raum und der entsprechende Schlüssel dazu gehören zu *Varuna*. Auch der Übergang zwischen Bekanntem und Unbekanntem, zwischen Geburt und Tod und zwischen Tod und Geburt wird von *Varuna* ausgefüllt. Die Energien von *Varuna* füllen ebenso die Lücke zwischen Null und Eins und zwischen der negativen Null und der positiven Null. Es ist diese Lücke, die das Wissen zwischen dem Unsichtbaren und Sichtbaren überbrückt. Wo immer eine Lücke ist – das scheinbare Vakuum wird vom *Varuna*-Bewusstsein ausgefüllt. Es arbeitet mit Manifestationen der Wurzelmaterie in verschiedene Materiezustände hinein bis hin zur dichten

Materie. Die Alchemie der Schöpfung ist die Arbeit der Materie. Auf jeder Ebene bleibt der Geist kooperativ. Im Wassermannzeitalter ist die Umwandlung der Materie der Hauptschwerpunkt, und der Mittler, der diese Umwandlung durchführt, ist *Varuna*. Das supra-kosmische Prinzip *Varuna* ist auf der solaren Ebene als Uranus bekannt. Nur durch den Einfluss *Varunas* gibt es die Spaltung des Atoms und neue Durchbrüche von Erkenntnissen, die uns im 19. Jahrhundert noch fremd waren.

Ich habe einige Aspekte zu Uranus empfangen, die ich euch im Laufe des Seminars weitergeben werde. Ihr könnt in angemessener Weise damit beginnen, sie für die Umgestaltung der Körpergewebe zu benutzen, so dass Transformation, Transzendenz und Transfiguration möglich werden. Auf diese Weise bekommt ihr eine bessere Ausrüstung für den Dienst – so wie er von den Meistern getan wird. Das ganze Wissen dient nur dem Zweck, besser dienen zu können.

Symbol und Farbe

Varuna, eine supra-kosmische Intelligenz, die vom Westen her mit der Wurzelmaterie arbeitet, wird als ein fünfjähriger Junge mit vier Armen symbolisiert. In der Hand hält er den Dreizack, der Neptun darstellt; er steigt auf einen weißen Drachen, bewegt sich auf den Raumgewässern und zieht Kraftlinien mit dem Dreizack – das ist die richtungweisende Kraft für die Schöpfung. Auf diese Weise wurde das Symbol für *Varuna* gegeben, so dass man es sich vorstellen, visualisieren und seine Gegenwart spüren kann. Alle Visualisationen über *Varuna* sollten hinter der Stirn gemacht werden – vom höchsten Punkt der Stirn bis zum Brauenzentrum. Stellt euch die Raumgewässer vor – sie sind scheinbar blau und weiß; niemand kann entscheiden, ob sie blau oder weiß sind, weil der Wassermann keine Farbe hat und dennoch der Hintergrund aller Farben ist. Normalerweise ordnen die Leute ihm die Farbe aquamarin zu, aber er ist jenseits der Farben und wird, abhängig vom Betrachter, in Variationen von blau bis grünblau gesehen. Stellt euch die Raumgewässer vor, die weißlich-blau sind, und stellt euch einen strahlend weißen Drachen vor, der sich auf den Raumgewässern bewegt. Auf dem Drachen sitzt ein gutaussehender Junge mit vier Armen und einem Dreizack in der Hand. Während er sich auf den Raumgewässern bewegt, wird der Dreizack über die Oberfläche gezogen und erzeugt Kraftlinien – das sind die richtungweisenden Linien, die von Uranus im Wassermannzeitalter erzeugt werden. Wenn ihr von Uranus im Wassermannzeitalter geführt werden möchtet, solltet ihr dieses Symbol und auch die drei Linien visualisieren, die der Dreizack auf den Raumgewässern zeichnet. Dies ist das Symbol von *Varuna*, das visualisiert werden kann.

Klang

Der Klang *Varunas* ist *V*. In der Wissenschaft des *Tantra* ist es *VAM*. Nicht zufällig ist im *Mantra CVV* der Klang zweimal vorhanden. Der Klang *CVV* (*C* = engl. 'sea = Ozean': Der Ozean symbolisiert die kosmischen Raumgewässer, über die sich *Varuna* auf dem mystischen weißen Drachen mit dem Dreizack bewegt und so die neptunischen Wellen auf den Raumgewässern erzeugt) bedeutet auch ein Spiegel, ein reflektierendes Prinzip. *VV* ist im *tantrischen* Sinne *VAM VAM – VAM Varuna Namah*. Der höchste Aspekt *Varunas* sind die Raumgewässer, die das kosmisch reflektierende Prinzip darstellen, während der niederste Aspekt der reflektierende Aspekt des Sakralzentrums sein kann, der die

Reflektion in die Objektivität ermöglicht. Darum wird im *Tantra*, der Wissenschaft der *Chakren*, dem Sakralzentrum der Klang *VAM* zugeordnet. Die Farbe ist, wie schon erwähnt, zwischen blau und weiß, manchmal sogar silbergrau.

Zahl

Die numerische Potenz des Wassermanns und dessen Herrscher Uranus sind der Menschheit nicht bekannt. Sie wird zwischen 9 und 1 angeordnet, fälschlicherweise jedoch oft als 0 verstanden. Diese numerische Potenz füllt die Lücke zwischen den Atomen und dem Raum. In den *Veden* wird sie *Pûrnam* genannt; dies bedeutet Fülle. Null (0) gibt den Eindruck von Nicht-Sein, während *Pûrnam* für die Fülle steht, aus der alles entsteht. Nur einem Adepten hohen Grades wird die Zahl von Uranus und Wassermann offenbart. Diese numerische Potenz existiert im Raum im ruhenden Zustand und jenseits des logischen Verstandes. Die arithmetischen Berechnungen im Dezimalsystem mit all den bekannten Zahlen sind so endlos wie die Schöpfung selbst. Im letzten Teil des Vortrags wird dies noch genauer ausgearbeitet.

Alle Zahlen, die wir kennen, arbeiten fortlaufend, während die Zahl des Wassermanns und Uranus als Hintergrund aller Zahlen wirkt. Sie ist der Hintergrund von allem was ist und repräsentiert die ewige Gegenwart. Wenn diese Zahl am Werk ist, dann geschehen Auflösung und Manifestation und die nachfolgende Arbeit vor dem Hintergrund von Manifestation und Auflösung. Auf allen Ebenen existiert die Zahl gleichzeitig.

Das Symbol dieser Zahl ist ein Gefäß mit je einer Öffnung an beiden Seiten, die wie eine Null aussieht. So ist das okkulte Verstehen dieser Zahl.

Darüber hinaus gehören die Zahlen 4, 7 und 11 zu Wassermann und Uranus. Wassermann ist das vierte fixe Zeichen und gilt als spirituelles Zeichen. Es stellt den vierten Seinszustand dar. Das Sein ist der natürliche Zustand, aus dem alles hervorkommt. Daher ist die 4 die zugehörige Zahl.

Auch die 11 ist eine Zahl, die dem Wassermann und Uranus zugeordnet wird, denn 11 ist die Zahl des Meisters. Es ist erwähnenswert, dass Wassermann das 11. Sonnenzeichen ist. Das Meisterbewusstsein ist das Bewusstsein, welches die Grundlage für alles bildet, was es in der Schöpfung gibt. Dieses Bewusstsein ist das Bewusstsein von 'Ist' und 'Ist nicht'. Von der Wissenschaft der Zahlen wird ein solches Meisterbewusstsein als das Bewusstsein der 11 angesehen.

Aufgrund der Tatsache, dass Uranus mit der Siebener-Periodizität arbeitet, das heißt, dass er jeweils in 7 Jahren ein Sonnenzeichen und in 84 Jahren den gesamten Tierkreis durchläuft, gilt auch die Zahl 7 als bedeutsam. Uranus mit der Periodizität der 7 berührt dadurch alle 7 Ebenen und 7 Unterebenen der Materie. Wenn er die 7. Unterebene der 7. Ebene berührt, wandelt er die dichteste Materie um und bringt Transparenz hervor. Durch die 7 werden die tiefsten Ebenen erreicht und transformiert, was eine tiefgründige Arbeit ist.

Achtet bewusst auf das Symbol, den Klang, die Farbe und die Zahl, die zu Uranus, dem Regenten des Wassermanns, gehören. Dieses Bewusstsein hilft, die Gegenwart von Uranus im

Studenten zu stimulieren. Im Okkultismus hilft das Wissen, um besser sehen zu können. Wenn ihr diese vier uranischen Aspekte wachsam in eurem Bewusstsein haltet, dann erreicht euch die Gegenwart des Uranus und beginnt euch zu transformieren. Die Transformationen geschehen auf ganz subtile Weise und können erst nach 7 oder 11 Jahren wahrgenommen werden. Seid euch einfach dieser 4 Schlüssel von Uranus bewusst und haltet sie in euch wach.

2. Klein ist nicht klein, groß ist nicht groß

Kompromisslos zerstört Uranus alles, was die Seele behindert. Seine Waffe ist der erste Strahl. Wie ein Laserstrahl geht er durch alle Problembereiche und beginnt sie zu verbrennen. Verbrannt wird alles, was teuflisch, schädlich und bösartig ist. Von solcher Art ist die uranische Arbeit. Deshalb gibt es eine Krise nach der anderen. Jedes Mal, wenn etwas verbrannt wird, entsteht eine Krise. Mit Weisheit und der Hilfe der Hierarchie sowie der Unterstützung der Gruppe kann man jedoch der Krise begegnen und sie überwinden. Die Erfahrung des Verbrennens bewirkt während einer solchen Krise die nötige Umwandlung der Körperzellen, so dass eine größere Transzendenz möglich wird. Heutzutage gehört es zum Allgemeinwissen, dass die Menschheit in kurzen Zeitabschnitten eine Krise nach der anderen durchläuft. Unbewusst wird die Menschheit zu Einweihungen geführt. Seht diese subtile Dimension mitten in den Wirren und dem Chaos der Krisen.

Erinnert euch bitte: Isolation ist der Fluch des Wassermannzeitalters. Da der Wassermann von

Gruppenbeziehungen spricht, haben Separatismus, Isolation und das eigene Sich-Absondern und Entfernen vom Lebensfluss keinen Platz in diesem Zeitalter. Daher sind diejenigen in einem Gruppenleben wie diesem unglücklich, die versuchen, sich selbst in einem Raum einzuschließen – und zwar nicht physisch, sondern emotional und mental. Lernt zu interagieren! Tauscht Energien aus und lasst sie fließen! Dieser Energieaustausch wird euch helfen, einige Blockaden zu lösen. Es sind nur unsere eigenen Blockaden, die uns darin bestärken, dass wir uns von anderen entfernen oder auf Distanz gehen und uns veranlassen, immer wieder in die Einsamkeit zu gehen. Einsamkeit ist wichtig, aber sich in die Berge oder in die Wälder zurückzuziehen, um zu meditieren, ist in diesem Zeitalter nicht mehr nötig. Es ist ein Zeitalter, in dem man qualitative Arbeit in der Horizontalen leistet und sich für vertikales Wachstum rüstet.

Die Menschen neigen dazu, Inselbewohner zu sein; sie bauen Mauern um sich herum und lassen weder die Energien anderer herein, noch teilen sie ihre Probleme und Sorgen anderen mit. Die verschiedenen Kommunikationsmittel gehören zu den besten Entwicklungen im Wassermann. Das ist das Werk von Uranus. Vom Telegraphen zum Telefon, vom Telefon zum Handy, vom Handy zum E-Phone gibt es eine fortschreitende Entwicklung für immer schnellere Kommunikation. Man fällt in ein Loch, wenn man sich im Zeitalter der Kommunikation einsam fühlt. Man sollte kommunikativ sein und teilen. Der Instinkt, verschlossen zu sein, möge durch Uranus auf dem Altar des Wassermanns verbrannt werden.

Egoistische Menschen, die äußerst individuell und stolz sind, leiden an ihren eigenen Energieblockaden, indem sie nicht in der Lage sind, über die verschiedenen Lebensaspekte angemessen zu kommunizieren. Läuterung heißt das Gebot der Stunde, besonders auf der emotionalen und mentalen Ebene. Durch so genannte Privatsphären und Heimlichtuereien baut der Mensch ungesunde und starke Mauern auf, die noch nicht einmal Luft oder Leben von außen nach innen zulassen. Sich auf den allgemeinen Strom des Lebens einzulassen, herauszukommen aus den Fesseln des Stolzes und Getrenntseins – das ist die wahre Lösung in diesem Zeitalter. Sitzt man auf der Spitze einer Pyramide, hat man keinen Bezug zum Strom des Lebens, der unten am Boden fließt. Man muss hinunterklettern, um den Durst des Lebens zu löschen. So sollte es sein mit den Weisheitslehrern, den Herrschern, den Heilern, den Spezialisten, den Intellektuellen, den Aristokraten usw.

Die Stärke liegt in der Unterstützung der Gruppe, auch wenn sie nicht stark erscheint. Dazu führt uns Uranus. Das Große kann das Kleine nicht ignorieren. In den Weisheitsbüchern finden wir hierzu folgende Geschichte:

Es gab einmal einen großen Elefanten, der oft in eine Gegend kam, in der viele Ratten lebten. Achtlos trat er auf die Ratten, was eine Krise bei ihnen auslöste. Sie versammelten sich und näherten sich dem Elefanten, als dieser ruhte. Sie erzählten dem Elefanten von ihrer Not, die durch seine Achtlosigkeit entstand. Der Elefant bedauerte es und entschuldigte sich. Er sagte, dass er von nun an achtsamer sein werde. Die Ratten freuten sich, dankten dem Elefanten und sagten: „Wir sind dir sehr dankbar für deine Freundlichkeit und werden dir ebenso helfen, wenn du in Not bist." Der Elefant lächelte und sagte: „Ihr Kleinen, ich weiß eure Absicht zu schätzen, mir in der Not zu helfen, aber ihr erkennt ebenso wenig, dass ihr zu klein seid, um mir zu helfen." Die Ratten entgegneten: „Wer weiß?" und zogen dankbar davon. Die Zeit verging. Eine Zirkusgesellschaft kam vorbei, erblickte den großen Elefanten und wollte ihn fangen. In der Gegend, in der sich der Elefant aufhielt, legten sie ein Netz aus, so dass er zur leichten Beute für die Männer des Zirkus wurde und nicht in der Lage war, sich selbst zu befreien. Allmählich war es Abend geworden, und er fand noch immer keinen Ausweg, wie er sich befreien konnte. Da kamen die Ratten wie zufällig vorbei, zertrennten mit ihren scharfen Zähnen das Netz und befreiten den Elefanten. Bescheiden und demütig kam er später zu den Ratten und lobte sie über alles, dass sie ihm das Leben gerettet hatten.

Der Große braucht den Kleinen genauso wie der Kleine den Großen braucht. Wer groß in einer Situation ist, kann klein in einer anderen Situation sein. Dies lehrt Uranus den Individuellen, Gruppen, Nationen und Rassen, die sich selbst für die Großen oder die Höchsten halten.

In der Geschichte des *Râmâyana* wird erzählt, dass Lord *Râma* – die Inkarnation des 2. Logos – ohne zu zögern die Unterstützung von Affen annahm, als er der Herausforderung *Ravanas*, einem riesigen Atlantier, begegnete.

Gesegnet sind all jene, die die hohen Mauern um sich herum abbauen, sich dem Strom des Lebens anvertrauen und alle trennenden Gedanken ablegen. Dafür arbeitet Uranus schonungslos. Er zerstört das Persönlichkeitsbewusstsein, welches 'groß und klein' erschafft. Er erhebt alle ins Seelenbewusstsein, damit sie auf diese Weise zu Brüdern werden. Sein Ziel ist die menschliche Bruderschaft. Die Unterscheidung in Kaste, Glaube, Rasse und Religion wird ausgelöscht. Alle Menschen werden als Erdenbürger gesehen.

3. Nicht nur mit dem Gehirn denken

Uranus wirkt in jenen, die nicht nur mit dem Gehirn denken können. Ich wiederhole – weil wir es mit dem Gehirn verstehen müssen – Uranus wirkt in jenen, die nicht nur mit dem Gehirn denken können, die das merkurische Verstehen transzendiert haben. Das ist eine große Aussage. Merkur steht für Unterscheidung, für das höhere Denkvermögen, für *Buddhi*, für Logik, für rationelles und Verstandesdenken. Hier spricht Uranus nun von einer Ebene, die höher ist als die merkurische Ebene. Das heißt also, Uranus arbeitet über das Verstehen und das normale Wahrnehmungsvermögen hinaus. Das erfordert eine andere Wahrnehmung, eine übersinnliche Wahrnehmung, deren Funktionsweise elektrisch ist. Ohne Zweifel ist das Gehirn elektrisch, aber Uranus arbeitet von Gehirn zu Gehirn. Meister *CVV* nennt es 'electric hint' ('elektrisches Signal'). Es geschieht sogar, bevor man versteht. Das ist genau das Thema für die heutige Zeit. Viele Dinge geschehen, bevor man versteht, was geschieht. Normalerweise denken die Menschen zuerst, dann verstehen sie und handeln.

Die Dummen verstehen nicht und handeln. Hier geschieht die Handlung noch vor dem Verstehen, aber nicht aus Dummheit.

Generell verursachen wir Probleme, wenn wir nicht denken, bevor wir handeln. Wenn aber Uranus am Werk ist, geschieht die Handlung zuerst und das Verstehen kommt später. Uranus kann nicht warten, bis unser Gehirn versteht, weil es sich um eine Energie von hoher Geschwindigkeit handelt. Es ist nicht nötig, dass man versteht und handelt. Es geschieht durch uns, und später erst werden wir verstehen, warum wir so gehandelt haben und warum wir es so gut getan haben. Man kann selbst nicht glauben, dass man es getan hat. All unsere Kenntnisse über uns selbst können nicht erklären, was wir getan haben, weil etwas durch uns auf gute Weise und über unserer Fähigkeiten hinaus stattgefunden hat. Denkt daran – das ist Uranus. Kann man so etwas in irgendeiner anderen Energie finden?

Uranus ist einfach elektrisch; wie ein Blitz dringt er hindurch. Später versteht der höhere Verstand, viel später der niedere Verstand, und noch viel später verstehen die Leute – das ist die

Schönheit von Uranus. Aus diesem Grund waren die Menschen nicht in der Lage, als Meister *CVV* die Energien von Uranus übermittelte, dies zu verstehen. Bis zum heutigen Tag wird er nicht verstanden. Die Leute fragten ihn, was er macht. Meist lächelte er und sagte: „Es wird 4 Zyklen von je 60 Jahren benötigen, um zu verstehen, was ich mache." Tatsächlich entfaltet sich sein Werk ganz allmählich. Im 2. Zyklus von 60 Jahren erkennen wir jetzt, dass das, was er tat, global war. Im späteren Teil des 2. Zyklus sowie im 3. und 4. Zyklus wird es außerplanetarisch sein, denn er sagte, seine Arbeit würde Angleichungen in den Planeten bewirken. Das ist nicht mystisch, sondern wissenschaftlich. Aber es ist die Wissenschaft der Zukunft; die Wissenschaft der Zukunft ist heute eine Fiktion. Das ist rein wassermännisch, das heißt, es geschieht gerade am Rande der Wahrnehmung – es wird wahrgenommen und doch nicht wahrgenommen – wie die dünne Luft, die 'ist' und 'nicht ist'. Daher gab Meister *CVV* keine Erklärungen, weil er wusste, dass das menschliche Hirn nicht fähig ist zu begreifen – „Lasst es geschehen, und die Menschen werden es rückblickend langsam verstehen." Heutzutage geschehen viele globale Ereignisse, deren Bedeutung später in der Rückschau besser verstanden werden kann. Das uralte Sprichwort „Denke bevor du handelst" gilt nicht mehr für jene, die nicht nur mit dem Gehirn denken können. Versucht nicht, das zu verstehen, ihr zerbrecht euch nur den Kopf! Dies ist ein Verstehen der Energien von Uranus.

Die Uranusenergie arbeitet durch diejenigen, die nicht nur mit dem Gehirn denken können. Diese Aussage beinhaltet den ersten Teil. Der zweite Teil besteht darin, die merkurischen Gleichungen zu überschreiten. Merkur steht für Mathematik, und Uranus steht für die höhere Mathematik. Bis jetzt gibt es noch keine mathematischen Gleichungen dieser Art. In den Schriften werden sie jedoch als *Mahat* bezeichnet. *Mahat* ist die Ebene in der Schöpfung, auf der das Unsichtbare sichtbar wird und das Nicht-Wahrnehmbare wahrnehmbar. Jene, die Kenntnisse über *Mahat* besaßen, nannten sich Mahikos. Das sind die heutigen Mexikaner. *Mahat* ist Magie, Magie ist Magus.

Es gibt Menschen, die sich zwar in der Weisheit auskennen, aber noch lange nicht die Arbeit von Uranus verstehen. Die Uranusenergie biegt sie zurecht und lässt Dinge durch sie geschehen, damit das höhere Denken allmählich verstehen kann. So werden bereits viele Lehren gegeben, noch bevor der Verstand sie begreift – das heißt, selbst der Lehrer versteht nicht, worüber er spricht. So ist die Erfahrung von vielen okkulten Lehrern. Wenn sie über ein okkultes Thema zu reden beginnen, haben sie gewöhnlich ihr eigenes Verständnis und ihre eigenen Vorbereitungen, doch wenn sie den Mund öffnen, kommen ganz andere Dinge durch sie hindurch. Wie ein Medium wird das höhere Denken des Sprechers für die elektrische Arbeit von Uranus benutzt. Oft muss der Sprecher dann innehalten und erkennen, was er gesprochen hat, denn sogar für ihn sind es frische und neue Informationen. Es ist kein Sprechen über das Bekannte, es ist ein Sprechen über das Unbekannte. Diese Lehren werden Lehren durch Beeindruckung genannt. Der Lehrer wird von Zeit zu Zeit beeindruckt, und die Lehre, die bisher selbst für den Lehrer unbekannt war, wird frisch und lebendig übermittelt.

Ebenso gibt es Schreiben durch Beeindruckung, was wir später behandeln werden. Es gibt ein Gehirn über das *buddhische* Gehirn hinaus, das sich in uns niederlässt und uns leitet. Merkur, das höhere Denken, muss darüber erst einmal eine Weile nachdenken. Das ist kein plötzlicher und eiliger Vorgang in Unwissenheit, es ist eine elektrische Funktion, die von Meister *CVV* 'electric hint' genannt wird. Zack! – wie das Durchzucken eines Blitzes. Im Feuerritual gibt es ein *Mantra* 'Fhat' – da geschieht etwas im Bruchteil einer Sekunde.

Über zukünftige Ereignisse lassen sich daher keine Voraussagen machen. Manche Menschen stellen ihre eigenen Berechnungen auf Grund ihres *buddhischen* Verständnisses auf. Aber für Uranus ist *Buddhi* eine so kleine Sache. Er hat keine Zeit, *Buddhi* zu informieren. Er tut es einfach, und später wird *Buddhi* verstehen. Daher bleiben jene Menschen, die sich auf ihr *buddhisches* Verstehen beschränken, arm an ihrer Weisheit. Sie sollten jederzeit für alle Möglichkeiten offen bleiben. Die Weisheit kann hindurchblitzen, wenn man diese Art von Offenheit entwickelt. Uranus steht für den höchsten Aspekt der Intuition. Auch auf der *buddhischen* Ebene gibt es Intuition. Uranus ist der höhere

Aspekt der Intuition. Er ist auch der höhere Aspekt von Merkur.

Es gibt einen planetarischen Pfad von Saturn zu Mars, von Mars zu Merkur und von Merkur zu Uranus. Die nacheinander folgenden Herrscher der drei Dekaden von Widder sind Mars, Merkur und Uranus. Das ist die neue Astrologie, und die Astrologen sollten sich das notieren. Die marsische Energie, die in ihrer Essenz *ârisch* ist, bedeutet kämpfen und erobern. Es ist eine nach außen gerichtete Energie. In der Jüngerschaft muss der Kampf innen geführt und nicht nach außen getragen werden. Dann wirkt Mars als feurige Aspiration. Er führt den Jünger in die Bereiche *Buddhis* – zu Merkur. Man sagt, der Schüler hat dann die zweite Dekade des Widders erreicht. In diesem Prozess transformiert der Mensch seine Persönlichkeit mit der Hilfe von Mars, so dass er sich auf die *buddhische* Energie einstimmen kann. *Buddhi* regiert über *Manas* (Denkvermögen), und das Denken steuert die Aktivität. Auf diese Weise wird der Jünger im Aspiranten geboren. Wenn jedoch der Jünger auf der *buddhischen* Ebene mit seiner Weisheit offen bleibt und sie nicht in Konzepte oder in eine Form presst, dann hat er die Chance, die elektrische Berührung von Uranus zu erhalten. Geschieht diese uranische elektrische Arbeit häufig durch *Buddhi*, wird allmählich der Meister im Jünger geboren. Dann, so heißt es, beginnt die dritte Dekade des Widders zu arbeiten. Erinnert euch: die saturnische Vorbereitung eines Aspiranten, die marsische Arbeit des Willens in Bezug auf die eigene Natur, die entsprechende Manifestation des *buddischen* Lichtes und die Offenheit und Aufgeschlossenheit dieses *buddischen* Lichtes führen in die Bereiche von Uranus.

Der subjektive marsische Kampf findet seinen Höhepunkt im *buddischen* Licht. Aus diesem Grund wird die zweite Dekade des Widders von Merkur regiert. Es wird auch gesagt, dass ein durchschnittlicher Mensch von Mars regiert wird und ein Jünger von Merkur. Ein Jünger ist jemand, der nicht kämpft. Jünger kämpfen überhaupt nicht, weil der Kampf in ihnen vorüber ist. Dementsprechend kämpfen sie auch nicht im Außen. Das ist die Schönheit! Der äußere Kampf entsteht aus der inneren Unruhe.

Für einen durchschnittlichen Menschen ist also Mars der Herrscher im Widder, für einen

Jünger Merkur und für einen Meister Uranus. Als Uranus in diesem Zyklus in den Widder eintrat, wurden viele Aktivitäten ausgelöst. Dazu gehört auch die Herausgabe der Weisheitsschriften von Meister *Djwhal Khul* durch Alice A. Bailey. Die diktierten Schriften, die durch Bailey kamen, beruhen auf der Meisterschaft, die Meister *Djwhal Khul* über die Uranusenergien besaß. Er begann mit dem Diktieren der Weisheit, als Uranus das letzte Mal im Widder war. Wie jedes andere Sonnenzeichen hat der Widder eine dreifache Energie, und jedes Mal, wenn Uranus im Widder ist, beginnt etwas Neues. All diese Neuanfänge finden ihren Abschluss und Höhepunkt, wenn Uranus den Wassermann erreicht. Ein Aspirant sollte mit Mars arbeiten. Mars an sich ist ein Einweihungsplanet. Bitte erinnert euch: die anfängliche Arbeit für Aspiranten ist, mit Mars und Saturn zu arbeiten. Saturn und Mars leiten die Einweihungen der neuen Gruppen.

Arbeitet man mit den Prinzipien von Mars, wird man dazu geführt, das Licht im Inneren zu finden. Wenn man das *buddische* Denken, das höhere Denken, erlangt hat, dann ist der nächste Schritt, den übermentalen Zustand zu erreichen

– und das ist Uranus. *Šrî* Aurobindo spricht vom supra-mentalen Zustand. Die Uranusenergie nimmt für ihren Abstieg den gleichen Weg über Merkur und Mars. Wir steigen auf, um die Uranusenergie über Mars und Merkur zu treffen, und entsprechend findet Uranus seinen Abstieg über Merkur und Mars. So ist die Arbeit, die von Uranus über Merkur ausgeführt wird. Daher gibt es für diejenigen, die sich auf den Weg der Jüngerschaft begeben, sehr viele Veränderungen, sehr plötzliche Veränderungen. Das sollte akzeptiert werden. Man sollte sich auf plötzliche Veränderungen im Leben einstellen – das wäre ein guter Schritt. Heutzutage lautet der Slogan: „Sei offen für das Unerwartete", oder kurz gesagt: „Erwarte das Unerwartete." Wie kann man das Unerwartete erwarten? Man kann offen sein, offen für alle Möglichkeiten. Über diesen Weg von Merkur-Mars hat Uranus eine lang andauernde Arbeit auf dem Planeten eingeleitet. Uranus hat die Einführung gegeben, sie wird von Merkur in Handlung übersetzt, und Mars führt die Handlung letztendlich aus.

Eine weitere Aussage, die sich auf Uranus bezieht, lautet: **Uranus eröffnet lang andauernde**

Arbeiten in Übereinstimmung mit dem Plan. Während Merkur als Interpret die Arbeiten gut umzusetzen weiß, wird von Mars die Effektivität auf der physischen Ebene ins Spiel gebracht. Für uns bedeutet das, wenn wir die Energie von Uranus erreichen möchten, müssen wir mit Mars und Merkur arbeiten und uns gut ausrüsten, um die Energien von Uranus zu erfahren.

Die dritte Aussage lautet: **Uranus steht für die höhere Intuition, die von den Meistern durch die Wissenschaft der Beeindruckung in Gang gesetzt wird.** Diese Wissenschaft ist die hauptsächliche Arbeit, durch die Weisheit von der Hierarchie übermittelt wird. Wenn einmal ein Schüler die Wissenschaft der Beeindruckung richtig beherrscht, dann ist er bereits ein gutes Werkzeug für die Hierarchie, um den Plan zum Ausdruck zu bringen. Es gibt viele gute Beispiele von Lehren, die auf Beeindruckung beruhen. Sie wurden von Lehrern, die gute Jünger und Okkultisten waren, gegeben. Andere hingegen standen an der Schwelle, um beeindruckt zu werden, aber aufgrund mangelnder Disziplin in Bezug auf Jüngerschaft, Okkultismus und *Yoga* empfingen sie verzerrte Informationen, die in die

Irre führten. Gute Schüler, die nicht unter Verblendung leiden, können unterscheiden zwischen den wahren durch Beeindruckung empfangenen Lehren und der Illusion, dass die Lehren vermeintlich auf Beeindruckung beruhen. Handelt es sich um gute Jünger, dann leisten sie einen wichtigen Beitrag für die Gesellschaft in Form von wahrem Dienst und Liebe für die Mitmenschen. Diese Jünger der Hierarchie haben an sich selbst gearbeitet, um an der Schwelle der *buddhischen* Ebene zu stehen und die Lehren zu empfangen. Das Lehren durch Beeindruckung kommt aus höheren Kreisen für jene Mitglieder der menschlichen Familie, die folgen wollen. Die Schreiber, die beeindruckt wurden, beanspruchen nicht, all das zu wissen, was sie geschrieben haben.

Verwechselt diese Schreiber, die durch Beeindruckung arbeiten, nicht mit den schrecklichen afrikanisch-spiritistischen Medien; denn diese haben keine Berührung zur *buddhischen* Ebene. Die afrikanischen Medien arbeiten auf einer viel niederen Ebene der Emotionen und haben das *buddhische* Licht nicht erreicht. Informationen, die durch diese Medien kommen, täuschen die Anhänger. Jene Jünger dagegen, bei denen sich die vierte und fünfte Unterebene der *buddhischen* Ebene durch rechte Praxis der Jüngerschaft entfaltet hat, haben die Möglichkeit, neues Wissen aus höheren Kreisen zu empfangen. Die Werke guter Jünger enthalten hilfreiche und einfache Werkzeuge für den Fortschritt. Durch die Arbeit von Uranus wurde das Erscheinen dieser höheren Lehren und Schriften erst möglich. Dies geschieht von den Lehrern zu den Schreibern, wenn sie sich auf das 'Super-Gehirn' einstimmen – das Gehirn über dem Gehirn.

4. Weitsichtig denken

Eine weitere Funktion von Uranus ist, über die Rasse und den derzeitigen Zeitzyklus hinaus zu denken. Der größte Zyklus dauert 2160 Jahre, und der kleinste Zeitzyklus dauert 12 Jahre. Wir sind jetzt in der ersten Hälfte des ersten kleinen Zyklus. Nicht einmal ein Zehntel des gesamten Zyklus ist vollendet. Das Werk von Uranus begann im Jahre 1875, also vor gut 130 Jahren. In diesem Zeitabschnitt konnten viele plötzliche Veränderungen beobachtet werden. Kommunikation, Transport und wissenschaftliche Arbeitsmethoden haben die Lebensweise der Menschen drastisch verändert. Auf dem Gebiet der Elektrik und Elektronik gab es enorme Entwicklungen. Stellt euch jetzt einen geometrischen Fortschritt in den kommenden Zyklen vor! Dieser wird noch 10 Mal stärker sein. In einer derartig geometrischen Progression wird das, was in den ersten 100 Jahren erreicht wurde, durch ähnliche weitere Leistungen in nur 10 Jahren überboten. In der heutigen Zeit bewegt sich alles mit so großer Geschwindigkeit, dass die Leistungen, die früher ein Jahrhundert dauerten, jetzt in einem Jahrzehnt erfolgen. Mathematisch gesehen bedeutet das: Werden die 10 Zyklen mit 10^{10} berechnet, geht das über unsere Vorstellungskraft hinaus – solcherart ist die Arbeit, die vor uns liegt. Durchschnittliche Denker werden nur Mitläufer bleiben können. Denjenigen jedoch, die offen sind und nicht nur mit dem Gehirn denken, wird es möglich sein, die schnellen Veränderungen und den entsprechenden Fortschritt wahrzunehmen.

Uranus arbeitet in geometrischer Progression. An verschiedenen Orten und in unterschiedlichen Bereichen werden die Arbeiten gleichzeitig eingeführt. Entsprechend unserem Fortschritt werden sie mit der Zeit zu ihrem Höhepunkt finden. Wie bereits gesagt, dauert das Wassermannzeitalter 2 160 Jahre. Es leitet einen großen Übergang für die Menschheit und den Planeten ein. Dieser Zyklus von 2 160 Jahren kann in 5 Zyklen von jeweils 432 Jahren unterteilt werden und der Zyklus von 432 Jahren wiederum in 6 Zyklen von 72 Jahren. So lässt sich der Zyklus von 72 Jahren ebenso in 6 Zyklen von 12 Jahren unterteilen. 12 Jahre entsprechen einem Jupiterzyklus; es ist der kleinste Zyklus. In 180

Zyklen von je 12 Jahren durchlaufen wir also 180 Jahrhunderte – insgesamt 18 000 Jahre. Das bedeutet, dass in 2 160 Jahren ein Fortschritt von 18 000 Jahren geplant ist. Das ist eine Dimension. Aber unter Berücksichtigung einer geometrischen Progression wird es zu 12^{180}. Das haut uns alle um – so sagt man.

Die Vision gilt für einen Zyklus. Auf der jetzigen Basis kann man für 12 Jahre planen, die in 2 Perioden von 6 Jahren, in 3 Perioden von 4 Jahren oder in 4 Perioden von 3 Jahren unterteilt werden können. Wenn man für ein Jahrhundert plant, erleidet der Plan aufgrund des schnellen Wechsels während der Umsetzung extreme Veränderungen. Man sollte für 12 Jahre planen und voran gehen und nicht zu große Pläne im Voraus machen.

Uranus bringt den Menschen die Unsterblichkeit. Im Wassermannzeitalter wird der Menschheit die Unsterblichkeit gewährt. Nicht einmal die besten menschlichen Gehirne können sich das vorstellen, aber die Arbeit schreitet voran, die Lehren werden verbreitet, und die Wissenden sind am Werk. Unermüdlich informieren sie über den Mythos des Todes und die Technik, ihn zu überwinden. Das werden wir später weiter ausarbeiten.

Uranus führt die Menschen zur Wirklichkeit der ätherischen Existenz und zum Mythos der materiellen Existenz. Die ätherische Existenz ist Realität. Nur durch die magnetische Auswirkung der ätherischen Kraftlinien wird die Materie geformt. So wie die Eisenspäne sich nach den Kraftlinien eines Magneten formieren, ist der materielle Körper nur eine Verdichtung, eine Anhäufung. Die Dinge neigen dazu, mehr ätherisch als physisch zu sein. Auch das benötigt Vorstellungskraft.

Vision ist ein Aspekt ätherischer Erfahrung. Auf all seinen Ebenen wird der Äther von Uranus reguliert. Wer sich mit den Uranusenergien vertraut macht, wird die Fähigkeit entwickeln, im Voraus zu sehen, zu hören und zu denken. Als Folge des uranischen Wirkens kommt es zur Kontinuität des Bewusstseins, so dass der Mythos des Todes vergeht. Der große Übergang, über den so oft in esoterischen Kreisen gesprochen wird, bezieht sich auf diese Arbeit von Uranus – die Transzendenz des Todes. Meister *CVV* hebt dies als die unmittelbar bevorstehende Einweihung der Menschheit hervor.

Uranus verlagert die Betonung von Religion auf Wissenschaft. Immer mehr Menschen neigen weltweit dazu, die Lehre der Reinkarnation anzunehmen. Dies war vor 100 Jahren in vielen (zivilisierten) Teilen der Welt noch undenkbar. Sogar der in den Theologien verborgene Teil dieser Lehre wird von Uranus hervorgeholt und aufgedeckt. In jeder wahren Theologie gibt es die Lehre vom Tod und der Wiedergeburt. Aufgrund bestimmter Zeitaspekte und Zeitzyklen hat das menschliche Wissen seinen tiefsten Punkt erreicht. Dem *Kali*-Zeitalter entsprach es, dass viele erhabene Konzepte im Verborgenen bleiben mussten, aber Uranus mit seiner alles durchdringenden Energie bringt diese vergrabenen Wahrheiten ans Tageslicht und stellt die Oberflächlichkeit der falschen Lehren heraus. Diese werden immer häufiger in der kommenden Zeit entlarvt. In Wahrheit ist keine Religion eine Religion und keine Theologie eine Theologie, wenn sie nicht den Mythos des Todes, die Unsterblichkeit und Wiedergeburt der Lebewesen ernsthaft in Betracht zieht. Auch falsche Traditionen, Aberglauben und Überzeugungen werden ausgelöscht, wenn sie keine Basis haben und nur Emotionen und Astrales im Menschen auslösen und wenn die Menschheit immer mehr die theologischen Aspekte wissenschaftlich versteht. Es ist nicht länger eine Lehre des Glaubens, der Glaubensüberzeugungen und des Aberglaubens; es wird eine Wissenschaft vom Menschen und eine Wissenschaft von Gott sein. Alles in der Schöpfung ist Wissenschaft, und alle Prozesse sind wissenschaftlich. Es gibt keinen Grund, für ein Glaubenssystem zu leben. Solange Unwissenheit überwog, war Glaube der Anker. Die Priester warben um den Glauben der Menschen. Aber die Wissenschaft von Gott hat es nicht nötig, um irgendein Verständnis zu werben. Sie gibt klare Beweise wie die Mathematik und ist so überzeugend wie die Wissenschaft. Wo um Glauben geworben wird, herrscht ein armseliges Verständnis von der Göttlichkeit. Eine Rose will nicht, dass man glaubt, sie sei eine Rose. Ob man es glaubt oder nicht, sie ist eine Rose. Nur eine falsche Rose strebt ängstlich danach, von den Menschen für eine Rose gehalten zu werden. Wo Falschheit vorherrscht, wird um den Glauben geworben. Und wenn der Glaube trotzdem nicht greift, wird Furcht eingeflößt – „Wenn du nicht glaubst, wird Kummer und Leid über dich kommen" – Diese Art von Furcht wird eingeflößt. „Du glaubst nicht an Jesus Christus? Der Teufel soll dich holen!" Kein denkender Mensch ist mehr gewillt, so etwas zu akzeptieren. Die Menschen werden solche Aussagen nicht mehr glauben. Wie über einen Witz werden sie darüber lachen. Dass sie nicht wahr sind, werden die Menschen bewusst erkennen. Nur die Wissenschaft vom Menschen, die Wissenschaft von der Natur und die Wissenschaft von Gott werden bleiben. Religiöse Glaubenssätze und Aberglauben werden darunter zu leiden haben.

Uranus erhebt das menschliche Denken von der Gottesfurcht zur Liebe zu Gott. Die meisten Verehrungen haben Angst als Basis. Verehrung sollte mit Verständnis für das, was verehrt wird, einhergehen. Uranus hebt die Basis von Furcht, Aberglaube, Glaube und Glaubenssätze auf. Rechtes Verstehen und wissenschaftliches Verständnis treten an ihre Stelle. Für Uranus zählt ein aufgeschlossenes Denken gegenüber Gott, aber kein gottesfürchtiges Denken. Furcht vor Gott ist unbegründet, weil es keinen strafenden

Gott gibt. Gott ist kein Monster. Gott ist Liebe, Mitgefühl, Trost und Vergebung. Furcht vor Gott zu verbreiten ist Geschäftemacherei. Alle Theologien, bei denen Priester auf der Grundlage von Angst arbeiten, sind nur geschäftsorientiert. Wer Gott fürchtet, kann Gott niemals verstehen.

Eine gottesfürchtige Natur entsteht aus Unwissenheit. „Wenn wir nicht eine Form oder einen Namen Gottes anbeten, wird schweres Unheil über uns kommen", ist ein großer Akt schwarzer Magie. Die Wissenschaft in Bezug auf Gott, die Wissenschaft in Bezug auf die Entstehung des Kosmos, auf die Entstehung des Menschen, auf das, was Leben ist, was Bewusstsein ist, wie das Bewusstsein durch das Gehirn arbeitet, wie die Atmung funktioniert, was am Punkt des Todes geschieht – das alles sind jetzt Themen von großem wissenschaftlichen Interesse. Darum geht es bei der Erforschung der Nah-Tod-Erfahrung. Die Ärzte arbeiten daran. Sie befragen Patienten, die beinahe gestorben und dann doch wieder zurückgekommen sind. Man beobachtet, was mit dem Stoffwechsel während dieser Zeit geschieht. Ein Forschungsgebiet ist, wie Bewusstsein und *Prâna* funktionieren. Auf diese Bereiche wird mehr und mehr Licht fallen. Nur die alte Weisheit überlebt, denn sie ist immer eine Wissenschaft gewesen und nie ein Glaube. Die alte Weisheit ist eine Weisheitswissenschaft. Eine solche Weisheit ist gültig für alle Zeiten; es gab sie bereits in allen Teilen der Erde. Später entwickelten sich die Religionen aus der Unwissenheit, die einen Namen, eine Form, einen Glauben als 'den Gott' anpriesen. Jetzt wird diese Praxis als kurzlebig angesehen. Sie kann nicht mehr akzeptiert werden, denn die Liebe Gottes wird mehr und mehr erfahren, und die Wissenschaft von der Natur und vom Menschen wird die Menschheit von den Glaubenskriegen befreien.

Heute werden viele Kriege zwischen den verschiedenen Glaubensrichtungen gefochten. Dass diese Glaubenslehren verschwinden werden, um den Weg für die Wissenschaften frei zu geben, wird der Menschheit noch lange unbekannt bleiben. Dieser uranische Gedanke wird derzeit in seiner armseligen und unwissenden Form als Säkularismus verstanden. Das Wort 'säkular' weist auf das Ablehnen der Religionen hin. Ablehnung an sich ist eine schlechte Annäherung. Wenn ein höheres Verstehen aufkommt, wird das niedere fallen gelassen. So geschieht es in der Natur. Nichts muss abgelehnt oder bekämpft werden, aber vieles muss transzendiert werden.

5. Uranus ist gegen Unterdrückung, Missbrauch, Gewalt

Unterdrückung und Gewalt werden von Uranus nicht mehr geduldet. Alles, was von der Menschheit unterdrückt wurde, wird wieder hervorgeholt. In Unterdrückung oder Gewalt sieht Uranus keine Lösung. Stattdessen schlägt er Transzendenz als weise Lösung vor. Andere zu unterwerfen oder niederzukämpfen, über andere zu bestimmen, andere mit der Macht der Intelligenz zu beeinflussen oder brutale Macht auszuüben sind nichts anderes als Handlungen der Unwissenheit. Es ist so bestimmt, dass solche Handlungen der Ungerechtigkeit, Manipulation und Grausamkeit wieder zurückschlagen, weil Uranus sehr effektiv mit dem Prinzip des Bumerangs arbeitet.

Religiöse Unterdrückung

Die Wissenschaft von Gott wurde von gewissen Religionen ersetzt, die Königreiche im Namen Gottes errichteten. Viele dieser Religionen entstanden durch die Macht des Schwertes und durch Falschheit. Sie werden alle durch die uranische Energie zerbrechen. Unwahrheiten können nicht länger aufrechterhalten werden. Nur die Wahrheit, wie bruchstückhaft sie auch sein mag, wird in den Religionen überleben. Religiöse Führer sind derzeit vielen Krisen ausgesetzt. Häufig hinterfragen die jungen Denker die Religionen und beziehen sich dabei auf wissenschaftliche Erkenntnisse. Wenn die religiösen Führer ihre Fragen nicht beantworten können, wird die Religion, die sie vertreten, nicht mehr respektiert und befolgt. Es gibt viele Glaubenssätze, die verstaubt sind und keine Gültigkeit mehr haben. Diese werden zerbrechen, denn die Schwachstellen der religiösen Führer werden zeigen, wie oberflächlich und belanglos sie sind. Dadurch wird auch ihre Autorität immer mehr hinterfragt. Die Wissenschaft hinter der Moral und Ethik muss den Menschen erklärt werden, wenn die Religion überleben will. Von den Führern wird Transparenz erwartet, und wenn keine Übereinstimmung herrscht zwischen dem, was sie predigen und dem, was sie tun, werden sie nicht anerkannt.

Es ist erforderlich, die religiösen Praktiken bis zu ihren Ursprüngen zurück zu verfolgen, bis zu den ursprünglichen Lehrern, die diese Praktiken mehr als eine Wissenschaft als ein Glaubenssystem gaben. Durch Gewohnheit und Routine verlieren wissenschaftliche Praktiken nicht nur ihren Zweck, sondern auch ihren Sinn. So wurden diese wissenschaftlichen Lehren der ursprünglichen Lehrer durch die Zeitzyklen entstellt. Was allgemein gelehrt wird, ist das Gegenteil von dem, was ursprünglich gegeben wurde. Heute gibt es viele Fragen über das Leben und Werk von Jesus, dem Christus. In der heutigen Zeit wird die Kirche regelmäßig durch neue Erkenntnisse entlarvt. Das Gleiche gilt für viele andere Praktiken rund um den Globus.

Madame H. P. Blavatsky begann damit, die Menschheit auf die falschen Religionen und die falschen Praktiken aufmerksam zu machen. Aber das war nur der Anfang. Heute hat eine Religion sehr viel weniger Autorität als in der Vergangenheit. Ein Priester hatte einmal genauso viel Macht wie ein König, egal wie viel Weisheit er besaß. Heute überlebt ein Prediger oder ein Lehrer durch die Weisheit, die er gibt und mehr noch durch die Weisheit, die er in seinem täglichen Leben zum Ausdruck bringt. Die höheren, fortgeschrittenen, intellektuellen Klassen gründeten exklusive Weisheitsclubs und verwehrten der Allgemeinheit den Zugang zu diesen Weisheiten. Weisheit ist jedoch für alle – wie das Sonnenlicht und kann nicht geheim gehalten werden. Heutzutage wird von den Religionsführern erwartet, dass sie aufgeschlossen sind, ein transparentes Verhalten zeigen und die Fähigkeit haben, eine Synthese zwischen allen vorherrschenden Gotteslehren zu finden. Eine Religion kann nicht mehr durch bloße Autorität überleben und indem sie Gottesfurcht verbreitet und das menschliche Bewusstsein durch Aberglauben unterdrückt.

Imperialistische Unterdrückung

Auch der Imperialismus ist in einer Krise. Regierungen, die zum Imperialismus tendieren, sehen sich im Wassermannzeitalter lauter Krisen ausgesetzt. Niemand kann sich unverhältnismäßig ausdehnen und vergrößern. Uranus sorgt für den rechten Ausgleich. Regierungen handeln weise, wenn sie sich in ihrer Regierungsarbeit auf ihr Territorium beschränken und das Wohl der Nation im Auge haben. Unweise handeln jene, die ihre Nase in die Angelegenheiten der Nachbarländer stecken. Solche Nasen, die sich überall einmischen, werden letztendlich abgeschnitten. Freundlichkeit und Zusammenarbeit zwischen den Nationen stellen die einzige Beziehung dar, aber nicht Themen der Überlegenheit und Unterlegenheit. Die einzelnen Menschen, Gruppen und Nationen sollten ihre Selbstsucht und ihren Stolz ablegen und kooperativ und freundlich sein.

Das durch Macht verblendete monarchische System wurde nach und nach überall durch Revolutionen abgelöst. Die Revolutionäre wurden jedoch durch die Macht ebenso verblendet wie die Monarchen. Was die Regierungssysteme betrifft, bemüht sich die Menschheit mit vielen Ideologien, eine gute Regierungsform zu finden. Sie fing an, mit Demokratie zu experimentieren, aber diejenigen, die Regierungsämter einnahmen, neigten ebenso dazu, sich durch Machtpositionen blenden zu lassen. Ähnlich ist es im Kapitalismus. Geblendet von der Macht verlieren diejenigen in hohen Positionen das liebevolle Verständnis für die Menschen. Nachdem man vom Föderalismus genug hatte, trat ein Teil der Menschheit mit großen Emotionen für den Kommunismus ein, der aus den gleichen Gründen scheiterte, nämlich am Machtmissbrauch in hohen Regierungsämtern. In den kommunistischen Ländern gab es großes Leid, und viele Menschen verloren ihr Leben. Darüber hinaus wurden die Bürger ihrer Freiheit beraubt, was als spirituelles Verbrechen gilt. Eine gute Regierung muss die individuelle Freiheit ihrer Bürger sicherstellen. Der Kommunismus übte sogar brutale Macht über seine Bürger aus.

Bei der Suche nach einem Gleichgewicht zwischen Kommunismus und Kapitalismus konzipierten die Denker den Sozialismus, der infolge von noch mehr Ignoranz in wichtigen Positionen bis obenhin korrupt ist. Sei es eine imperialistische, monarchistische, revolutionäre, kapitalistische, kommunistische oder sozialistische Regierungsform – die allgemeine Energie, mit der die Massen regiert worden sind, ist Macht und entsprechende Korruption. Die Ungerechtigkeit bleibt bestehen, und der durchschnittliche Bürger wird weiterhin durch viele soziale Regeln und Gesetze ausgebeutet.

Das Ziel einer guten Regierung sollte gleiches und faires Verteilen aller Ressourcen des Landes an alle Klassen der Gesellschaft sein. 'Laissez-faire' sollte der Wahlspruch der Regierung sein. Die Regierungen sollten die Menschen 'machen lassen', und so wenig wie möglich eingreifen, um die soziale Ordnung zu sichern, und sie sollten den Bürgern nur geringe Steuersätze auferlegen. „Fairness und Wohlergehen für alle" ("Fair for all, welfare for all") sollte das Motto einer guten Regierung sein. Es darf nicht sein, dass in vielen Teilen der Welt die Bürger fast wie Sklaven behandelt werden und die Regierenden sich wie Herrscher aufspielen. So hart es klingen mag, aber es ist so. Macht verwandelt sich in Geld und Geld stärkt die Macht. Geld und Macht sind die Herrscher. Um der Macht und des Geldes willen erlauben die Regierungen gesellschaftlich schädliche Handlungen wie den Verkauf von Drogen, Alkohol, Tabak, Nacht-Clubs, Glücksspiele usw. So gesehen scheint es, dass den Menschen im

Namen der Regierung das, was eigentlich gesetzwidrig ist, gegeben wird.

Alle Ideologien der Staatsführungen sind jetzt erschüttert und erleiden Zusammenbrüche. Nun denkt man über ein neues Thema von sozialer Gerechtigkeit nach. Uranus wirkt stark auf die Regierungen und auf die Religionen ein. Dies sind die zwei hauptsächlichen autoritären Institutionen, die verhinderten, dass die Menschen gut und frei leben konnten. Das ist paradox aber wahr, wenn man es aus einer ganz anderen Perspektive betrachtet.

Unterdrückung der Sexualität

Sexualität ist eins der vielen Bereiche, die von einigen Religionen aus Unwissenheit unterdrückt wurden. Niemals wurde die Sexualität als eine natürliche, normale menschliche Funktion betrachtet. In der Öffentlichkeit wurde einfach nicht über sie gesprochen. Einige Religionen gingen sogar so weit, Sexualität als Sünde zu proklamieren. Übereifrig verbreiteten die Priester die Vorstellung, Sex sei eine Sünde, während sie sich selbst heimlich in einer viel unethischeren und unmoralischeren Weise sexuell betätigten. Solcherlei Tätigkeiten wurden in jüngster Zeit durch Uranus aufgedeckt. Im *Kali*-Zeitalter werden Religionen nicht von Menschen der Weisheit, sondern von Menschen mit eifersüchtigem und emotionalem Glauben verbreitet. Letztere waren sich am wenigsten der vielen Aspekte menschlicher Natur bewusst, und noch weniger kümmerten sie sich darum, die göttliche Natur zu verstehen. Eifersüchtig hielten sie an einem Namen und einer Form fest und klammerten sich an Moralvorschriften. Sie zogen umher, predigten wie Roboter und bemerkten nicht einmal die Ignoranz ihrer Reden und ihren Einfluss auf die Menschen. Durch diese Ignoranz erfuhr die Sexualität im Namen der Religion großes Leid und Unterdrückung. Als Folge davon gibt es viele Krankheiten in der Menschheit, gegen die die medizinische Wissenschaft ankämpft, um Lösungen zu finden. Für eine gute Gesundheit ist ein normaler und natürlicher Umgang mit der Sexualität notwendig. Das Unterdrücken dieses als Sünde geltenden Instinktes verhindert ein gesundes Wachstum sowie das Erblühen des Körpers und Denkens. Die Erziehung zu einer normalen Sexualität steht jetzt vorne an. Sogar in den Grundschulen wird bereits Sexualkunde gelehrt, um ein rechtes Verständnis zu bekommen. Sexualkunde sollte mit großer Sorgfalt und gutem Verständnis unterrichtet werden. Der Versuch ist lobenswert, die Methoden sind noch nicht immer ganz ausgereift.

Entsprechend der Ansicht der Weisen liegt das globale Aufwallen der Sexualität in der vorausgegangenen Unterdrückung. Die Menschenrasse ist jetzt damit beschäftigt, die alten Schulden zu begleichen, was von den Moralisten als ein Niedergang der Menschenrasse gesehen wird. Aber in Wahrheit handelt es sich um einen Niedergang, um sich zu erheben, ein Fallen von der falschen Plattform, um sich auf eine gesunde und stabile Plattform zu erheben.

Unterdrückung der Schwachen durch die Starken

Die Geschichte der Menschheit zeigt uns immer wieder, dass die Starken die Schwachen und die

Reichen die Armen unterdrücken, dass die Intelligenten oder die Klugen die Unintelligenten und Unwissenden ausbeuten und die Mächtigen über die Schwachen dominieren. Die jeweils überlegene Klasse sollte jedoch die Unterlegenen eher als die Jüngeren erkennen und eine reifere brüderliche Haltung entwickeln, um Frieden untereinander zu finden. So plant es Uranus. Die Reichen, die Intelligenten, die Klugen und die Mächtigen müssen lernen zu kooperieren, zu teilen, zu verteilen und sich liebevoll um die armen, unintelligenten, unwissenden und schwachen Menschen zu kümmern. Das ist der einzige Weg zum Frieden. Innerhalb des universalen Bewusstseins ist die Menschheit nur eine Bewusstseinseinheit. Gibt es Unruhen in einem Teil der Menschheit, dann kann sich der andere Teil nicht weiter ruhig und friedlich verhalten. Wenn ein Teil des menschlichen Körpers an Schmerzen leidet, dann ist das schmerzvoll für den ganzen Körper und nicht nur für diesen einen Teil. Die Lehre im Wassermannzeitalter ist das Verständnis von der 'einen Menschheit' – mit Uranus als ihrem Lehrer. Intelligente und zivilisierte Menschen beginnen nun, über die eine Menschheit nachzudenken und über die Notwendigkeit, sich mit der ganzen Menschheit zu befassen, um das Leid zu beseitigen.

Die Menschheit als eine Einheit zu sehen wird jedem wahren okkulten Schüler empfohlen, so dass er anstelle eines individuellen Bewusstseins ein globales Bewusstsein in sich entwickelt. Anstatt als erstes an sich selbst zu denken ist es nun erforderlich, an die Gruppe zu denken. Das selbstbezogene Denken sollte ersetzt werden durch das Denken für die Gruppe, für die Nation oder gar für das globale Leben als Ganzes. Dies bewirkt eine Ausdehnung des Bewusstseins, was wiederum ein Aspekt von Uranus ist. Normalerweise führt Jupiter zu einer Bewusstseinserweiterung, aber Uranus fügt die Geschwindigkeit hinzu.

Die Unterdrückung des Körpers

Aus falschem Verstehen theistischer Praktiken haben religiöse Menschen ihren Körper missbraucht. Man sollte wissen, dass in der gesamten Schöpfung der menschliche Körper der höchst entwickelte ist. Bis heute ist das Potential des menschlichen Körpers noch nicht vollständig erkannt, weder aus der Sicht der Kirchen noch aus der Sicht der Wissenschaft. Nur die Eingeweihten wissen, dass der Körper ebenso göttlich ist wie der Innewohnende selbst. Für religiöse Fanatiker ist der Körper aus Fleisch und Blut etwas Verachtenswertes, dem sie sich entledigen wollen. Allein ein so erbärmlicher Gedanke ist es nicht wert, erwähnt zu werden. Der Körper ist das Ausdrucksmittel, durch das die Seele über die Persönlichkeit alle sieben Ebenen der Existenz erfahren kann. Die Seele ist der Reisende, und das Behelfsmittel, um zu reisen, ist der Körper. Wenn nun der Reisende fortwährend den Körper verdammt, so verdammt er dummerweise auch seine eigene Reise. Man kann nicht die Luft aus den Reifen des Fahrzeugs lassen, mit dem man eine Reise machen möchte. Man kann nicht unter dem Vorwand zu fasten seinem Fahrzeug kein Benzin geben.

Unter den Aspiranten gibt es viele dumme Ideen in Bezug auf ihren Körper. Weil sie ihn zu sehr missbrauchen, werden sie durch ihn begrenzt. Es gibt eine Wissenschaft über den Umgang mit dem Körper. Wenn einmal diese Wissenschaft bekannt und angewandt wird, dann kann der Körper so effektiv wie eine Flugmaschine sein und uns optimale Erfahrungen auf der Reise schenken. Den Körper zu verachten oder zu vernachlässigen, ihn mit lauter ungutem Zeug zu füttern oder ihn bis zum Äußersten durch Fasten zu disziplinieren – all das sind barbarische Handlungen.

Der Körper wird von den Weisen als göttliches Instrument wertgeschätzt, um zur Erfüllung zu gelangen. Der menschliche Körper ist ein Ebenbild zur kosmischen Person. Er ist eine Kopie der kosmischen Person. Seine Entwicklung im Verlauf der Kosmogenese wird überall in den subtilen Welten gefeiert, weil er die Erfüllung der Prophezeiung in der Schöpfung darstellt. Alles, was der Mensch erreicht, geschieht in Kooperation mit seinem Körper, und er sollte daher als ein freundlich kooperierendes Energiesystem angesehen werden und nicht als etwas, was man so schnell wie möglich loswerden möchte. So ein Denken ist ungesund. Nur die Kranken tragen sich mit derartigen Gedanken. Ohne eine angemessene Wertschätzung für den Körper wird es für die Aspiranten nicht möglich sein, den Geist, die Wahrheit zu erkennen. In dem Maße wie ein Aspirant seinen Körper vernachlässigt, wird er in seinen Bemühungen ernsthaft beeinträchtigt. Uranus lehrt uns die Notwendigkeit, einen erwachsenen, gesunden Körper zu haben, damit sich der ätherische und kausale Körper daraus entfalten kann. Wir sollten den Körper als ein fruchtbares Betätigungsfeld, *Kurukshetra*, betrachten, welches der Arbeiter respektvoll kultivieren sollte, um die Früchte und Blumen wachsen zu lassen, die das Feld uns zu geben vermag. Der menschliche Körper ist die Plattform für alle Erfahrungen, einschließlich der Erfahrung des Geistes.

Varuna, das supra-kosmische Bewusstsein, ist, wie schon erwähnt, der Wächter des Körpers, und es ist vorhergesagt, dass die Menschen in diesem Zeitalter *Varunas* Körper mit magnetischen Kräften und elektrischer Strahlung entwickeln. Auch Meister *CVV* legt auf die Vorbereitung des Körpers viel Wert, um das Einströmen der Lebenskraft zu verstärken. Auf diese Weise kommt der Körper zur Erfüllung und entwickelt seinerseits den ätherischen und den kausalen bzw. den goldenen und diamantenen Körper. Daher sollten die menschlichen Körper als ein Geschenk Gottes und nicht als ein Fluch angesehen werden. Diese Veränderung im Bewusstsein wird von Uranus ausgearbeitet.

Das Unterdrücken von Krankheiten

In der medizinischen Geschichte der Menschheit stammt die orthodoxe Medizin aus den Zeiten des Hippokrates. Durch viel Forschungsarbeit haben die Erkenntnisse in der Medizin erheblich zugenommen, dennoch haben auch die Krankheiten zugenommen. Es ist heute allgemein bekannt, dass Medikamente auch zur Krankheit beitragen. Die allmächtigen Antibiotika in der Allopathie gelten mit ihren oft überhöhten Injektionen als Gift für den menschlichen Körper, die überdies noch viele unsichtbare Nebenwirkungen haben. Mit Medikamenten wird die Krankheit angegriffen und dabei das menschliche Prinzip der Selbstheilung außer Acht gelassen. In den Menschen und den Tieren gibt es ein System der Selbstheilung, das vom Vitalkörper ausgeht. Die alten medizinischen Heilsysteme arbeiten damit, den Vitalkörper zu stärken, so dass er kräftig genug ist, einer für den Körper fremden Erkrankung zu widerstehen und diese hinauszuwerfen.

Die orthodoxe Medizin ignoriert diese natürliche Funktion des vitalen Systems und beschäftigt sich ausschließlich mit der Krankheit. So bleibt die Ursache der Krankheit unberücksichtigt, und die Krankheit wird unterdrückt. Eine unterdrückte Krankheit kommt auf anderen Wegen in einer noch mächtigeren Weise wieder hervor. Heutzutage gibt es viele Krankheiten, die immer schwieriger zu heilen sind. Auf medizinischem Gebiet heißt es bereits, dass das jetzige ärztliche System Krankheiten nicht angemessen behandelt und diese in anderen Formen wieder zurückkehren. Visionäre wie Paracelsus, Hahnemann u. a. hatten bereits dieses Verständnis und sahen die Sinnlosigkeit in den allopathischen Behandlungsmethoden.

Das neue Zeitalter bringt Erkenntnisse über den Vitalkörper, der schon seit ältesten Zeiten in den Schriften Anerkennung findet. Indem wir den Ätherkörper und den Vitalkörper, der Teil des

Ätherkörpers ist, beleben, wird die Lebenskraft so gestärkt, dass die Ursache einer Krankheit vertrieben werden kann. So war die ursprüngliche Idee des Heilens, die heute wieder mehr und mehr angenommen wird. Immer deutlicher werden die Grenzen des allopathischen Systems gesehen, und der Wert der alten Heilmethoden, die den Vitalkörper anerkennen, steigt. Eine Krankheit zu unterdrücken gilt nicht länger als Heilung, obwohl ein Durchschnittspatient es so sieht. Man sollte die Neigung, krank zu werden, heilen. Dann werden all jene medizinischen Systeme größere Aussichten haben, die ein angemessenes Funktionieren des Ätherkörpers hervorheben.

In der orthodoxen Medizin gibt es inzwischen einen Stillstand in Bezug auf die Fehlfunktion von Drüsen, wie diese wieder zu ihrer natürlichen Funktion finden können. Es ist keine Heilmethode für eine schlecht arbeitende Bauchspeicheldrüse oder Schilddrüse bekannt. Man weiß noch nichts über die Funktionsweise der Thymusdrüse, der Zirbeldrüse und der Hypophyse. Sehr wenig weiß man auch über die Milz, die den Schlüssel für die Übermittlung der Lebensenergie enthält.

Uranus deckt all diese Grenzen der orthodoxen Medizin auf und führt ein neues Zeitalter der Heilung ein mit einem umfassenden Verständnis für die Heilung der menschlichen Konstitution. Heilen wird nicht länger Stückwerk bleiben, denn Stückwerk bleibt immer nur Stückwerk und erlaubt nie eine Wiederherstellung der Gesundheit. Heutzutage spricht man bereits von ganzheitlicher Gesundheit. Darüber wird inzwischen viel nachgedacht und gesprochen, und sie tritt allmählich und fast unmerklich in Erscheinung.

Homöopathie

Die Wissenschaft der Homöopathie arbeitet in dieser Richtung der ganzheitlichen Heilung. Homöopathie arbeitet von innen nach außen. Sie ist kein System, das Krankheiten unterdrückt und abtötet, sondern die Krankheit von innen nach außen bringt, von den inneren Ebenen auf die äußeren Ebenen. Die Kraft der Homöopathie ist sehr viel stärker als die allopathische Medizin, weil die medizinische Substanz so lange potenziert wird, bis sie ihre ätherische Ausdrucksform findet. Ein homöopathisches Mittel ab der Potenz C200 enthält keine medizinische Substanz mehr, nur die Qualität der Substanz ist noch als Information im Gedächtnis des Wassers enthalten. Dass Wasser ein Erinnerungsvermögen hat, ist inzwischen von Wissenschaftlern anerkannt. Die Homöopathie speichert die Informationen der Substanz, deren medizinischen Eigenschaften sich auf der ätherischen Ebene befinden. Ein homöopathisches Mittel wirkt von der ätherischen Ebene des Patienten aus und belebt in entsprechender Weise den Vitalkörper, so dass dieser die Krankheit dann von innen hinauswerfen kann. Damit wird die Ursache der Krankheit angesprochen und nicht ihre Auswirkung. Heute wird dagegen die Behandlung der Symptome schon als Behandlung der Krankheit angesehen. Diese Illusion wird durch die hereinströmenden Energien von Uranus beseitigt.

Homöopathie ist die Lösung, um die Miasmen im Körper zu klären: die Psora, die Sykose und die Syphilis. Diese werden zutage befördert und durch höhere Potenzen der medizinischen Substanz geheilt. Aus diesem Grund wird die Homöopathie als die Medizin des neuen

Zeitalters gesehen. Jede Aktivität, die die ätherische Existenz anerkennt, wird eine große Zukunft haben, und alles, was diese ätherische Existenz verneint, wird nicht mehr lange überleben. Uranus erhebt das menschliche Bewusstsein aus der dichten Materie auf die ätherische Ebene. So geschieht es auf vielen Gebieten und auch in die Medizin – von der materiellen Form hin zur dematerialisierten Form (mat to de-mat).

Als ich vor einigen Jahren in Miami war, las ich in einer Zeitung, dass der Präsident der allopathischen Ärztevereinigung auf einem Kongress allopathischer Ärzte sagte, dass die allopathischen Medikamente die zweit-häufigste Todesursache in den USA seien; an erster Stelle stehen Unfälle. Er sagte, dass übermäßige Giftmengen dem menschlichen Körper durch fortwährende allopathische Behandlungen über 10 bis 15 Jahre zugeführt werden. Ein Körper, der über einen solchen Zeitraum allopathisch behandelt wird, hat nicht mehr genug Vitalität, um auf irgendeine medizinische Substanz zu reagieren. Im Gegensatz dazu stärkt die Homöopathie den Vitalkörper und wirft infolgedessen die Krankheit hinaus. Auf diese Weise hilft die ätherische

Medizin dem Patienten, sich seiner Krankheit zu entledigen. Sie greift die Krankheit nicht direkt an, sondern sie kräftigt den Vitalkörper. So eine Wissenschaft hat große Zukunft.

In ferner Zukunft wird es Klänge, Farben und Symbole allgemein geben, um wirkungsvoll heilen zu können. Dies war das Wissen der Alten. Diese subtilen Kenntnisse standen den Chinesen und Indern in Asien bis zu den Mayas, Inkas und Azteken in Amerika zur Verfügung. *Tantra* bezeichnet man dieses Wissen im Osten, und im Westen spricht man von Magie. Es ist kein Wunder, dass neue Gruppen mit diesen Konzepten jetzt experimentieren.

6. Uranus kümmert sich nicht um die öffentliche Meinung

Ein Mensch, der sich immer nach der Meinung anderer richtet, führt ein unwürdiges Leben. Die öffentliche Meinung ist wechselhaft. Sie beurteilt Menschen nach dem, was sie erzielt haben und nicht nach deren eigentlichen Fähigkeiten. Ist jemand erfolgreich, wird alles, was er tut, für richtig gehalten, welche Hilfsmittel er auch immer einsetzt. Versagt er, ist alles, was er tut, falsch, ungeachtet aller guten Wege, die er beschritten hat. Wird ein Krieg gewonnen, ist nie die Frage, ob der Gewinner Recht hat. Die Öffentlichkeit und die Propaganda sind so stark, dass die eingesetzten Mittel unbeachtet bleiben. Logik entsteht auf der Basis von Erfolg und wird ganz einfach von der Öffentlichkeit übernommen. Wenn jemand verliert, werden die benutzten Hilfsmittel verantwortlich gemacht. Die öffentliche Meinung ist formbar und wird durch ein ganzes Heer von Informationen beeinflusst. Die meisten Medien tun das für die Machthaber, und die Masse glaubt es. Dies ist ihr allgemeines Wissen, das den gesunden Menschenverstand außer Acht lässt. Es klingt paradox: der gewöhnliche, gesunde Menschenverstand verhält sich ungewöhnlich, weil die häufige Berichterstattung über eine Sache zum allgemeinen Wissen wird. Zum Beispiel sagt uns der gesunde Menschenverstand, dass man an einem heißen Tag Wasser zu trinken soll, aber das allgemeine Wissen entscheidet, Coca Cola und kaltes Wasser zu trinken. Die Menschen tragen einen Herdentrieb in sich und lassen sich durch machtvolle Gedanken führen.

Wer sein Leben auf die Maßstäbe der öffentlichen Meinung ausrichtet, kann der Gesellschaft wenig bieten. Man ist nicht in der Lage, sein eigenes Leben zu leben. Jedes Leben ist einzigartig. Es sollte optimal gelebt werden und nicht durch die Meinungen anderer manipuliert, verformt und in eine Richtung gedrängt werden. Ein *Krishna*, ein *Buddha*, ein Jesus, ein Sokrates, ein Pythagoras, ein Einstein hätte es nie geben können, wenn sie dem ausgetretenen Pfad öffentlicher Meinung gefolgt wären. Man hat seinem eigenen Gewissen zu folgen und sein eigenes Leben zu leben. Man mag sich Ratschläge, Führung und Informationen anderer anhören, aber man sollte sich nach seinem eigenen Gewissen richten und bewusst Entscheidungen treffen. Weil jeder durch sein Geburtsrecht ein Original ist, kann man nicht das Leben eines anderen führen. Es gibt viele um uns herum, die gern das Leben eines anderen leben würden. Diese Art Vampirismus findet sein Ende in den Händen der aufkommenden uranischen Energie.

Heutzutage stimmen sich viele in ihrer Lebensart auf den Tanz der öffentlichen Meinung ein. So ist es mit vielen Intellektuellen. Sie widersprechen nicht vehement, sondern schließen Kompromisse und leben ihr Leben nach der öffentlichen Akzeptanz. Vom spirituellen Standpunkt aus gesehen ist so ein Prozess selbstmörderisch. Sie töten ihr Gewissen, und ihr Intellekt gibt keinen Beitrag mehr für das soziale Leben. Alle Gesellschaftsreformer vertraten ausnahmslos andere Ansichten als die Öffentlichkeit. Die Gesellschaft mag diese anfangs nicht akzeptieren, sie mag widersprechen, Hindernisse errichten, kritisieren oder sogar verletzen. Aber die Unerschrockenen schreiten voran, frei von öffentlichen Reaktionen, wohl wissend, was gut für die Gesellschaft ist. In wahrer Übereinstimmung mit dem eigenen Gewissen agieren und sein Leben zufrieden leben ist wichtiger als den Sinn seines Lebens in Frage zu stellen und zu gefährden. Die großen Wohltäter der Menschheit sind Vorbilder in dieser Hinsicht. Sie konnten 'Durchbrüche' bewirken.

Wissende und Intellektuelle, die sich nach der öffentlichen Meinung richten und überempfindlich auf die öffentlichen Bewertungen reagieren, sind in einer Weise egozentrisch. Sie möchten ihre Persönlichkeit vor aller Kritik schützen. Daher verbergen sie sich hinter edlen Gewändern und handeln zum Teil gewissenlos. Solche Intellektuellen waren niemals für die Gesellschaft von Nutzen. Das sind die Schüchternen, die noch nicht einmal öffentlich die Mutigen unterstützen, die sich bewusst für Taten des Guten Willens einsetzen. Ihr Verhalten ist schlechter als gar kein Dienst.

Im menschlichen Bewusstsein gibt es heute große Schwächen. Die Menschen beschränken ihre Gedanken und Handlungen nach den öffentlichen Normen. Vom psychischen Standpunkt aus steht hinter solchen Kompromissen die Suche nach öffentlicher Akzeptanz, Bestätigung und Anerkennung. Das ist nichts anderes als persönliche Befriedigung auf Kosten des Selbstes (der Seele) und langfristig auch auf Kosten des öffentlichen Wohls. Wenn man sich auf solch persönliche Befriedigung beschränkt, ist man für nichts gut, es kann nichts durchgreifend Gutes geschehen. Der große *Yogi* Vivekananda sagt: „Hinterlasse eine Duftmarke deines Lebens, bevor du von hier gehst." So sollte das Motiv sein.

Das allgemeine Gedächtnis ist kurzlebig. Die Masse ertrinkt in der täglichen Routine von Geld, Brot, Butter und Bett. Sie vergisst bald ein großes Ereignis, das gerade vor einer Woche stattfand. Selbst an die Ehrung eines Nobelpreisträgers erinnert man sich kaum noch eine Woche später. Das Leben geht weiter und hat kein Gedächtnis für die Belange anderer. Der Nobelpreisträger mag sich erinnern, dass er zur Elite gehört, aber andere erinnern sich nicht. Als George Bernard Shaw der Nobelpreis verliehen wurde, stand er eine ganze Woche lang in den Schlagzeilen der Zeitungen. Erst stand in den Schlagzeilen, dass er den Nobelpreis erhalten hatte. Einen Tag später lehnte er den Preis ab. Damit kam er wieder in die Schlagzeilen. Dann wurde er von seinen Anhängern zur Annahme des Preises überredet, was wiederum in den Schlagzeilen der Zeitungen erschien. Das Geld, das ihm als Preis verliehen wurde, spendete er einem karitativen Verein; das brachte ihn wieder auf die Titelseiten der Zeitungen. Einige Tage später, als die Journalisten Fragen über die Stiftung stellten, erklärte er, dass diese Stiftung von einem einzigen Mann organisiert wurde und dieser Mann er selbst sei. Entsprechend seiner unkonventionellen Weise zu denken und zu handeln konnte man sich unter all den Nobelpreisträgern gut an ihn erinnern.

Anstatt das Leben nach den allgemein üblichen Meinungen auszurichten, sollte man lieber seine eigenen Werte leben. Wir sollten uns danach richten, was wir für richtig halten und uns wenig um das kümmern, was andere denken. Alle Eingeweihten zeigten diese Lebenshaltung. Die öffentliche Meinung zählt für sie nicht, sie bringen höhere Prinzipien in ihrem Leben zum Ausdruck, in denen die Öffentlichkeit mit der Zeit die höheren Werte erkennt.

Wenn die Uranusenergie wirkt, sieht man einfach nur, was richtig ist und folgt dem bedingungslos. Man kümmert sich nicht um die Meinung anderer. Du bist die beste Person, die sich selbst am besten kennt. Niemand anderes kennt dich so gut wie du selbst. Warum solltest du nach einer anderen Meinung suchen, wenn deine gut genug ist? Wie viel weiß ein anderer über dich Bescheid? Sehr wenig! In Bezug auf bestimmte Interaktionen werden bestimmte Ansichten gebildet. Das sind sehr wenige verglichen mit deinem gesamten Leben, und es ist nicht wert, nach solchen Meinungen zu leben! Der Preis dafür, die guten Ansichten der anderen über dich aufrecht zu erhalten, ist sehr hoch.

Zum Beispiel sagt jemand: „Oh, du bist sehr großzügig!", und es spricht sich herum, dass du ein sehr großzügiger Mensch bist. Was geschieht dann? Die Menschen werden kommen und dir schmeicheln: „Du bist so großzügig, könntest du mir bitte 100 Euro leihen?" Nun hast du ein Problem! Wenn du die 100 Euro nicht gibst, ist ihre Meinung von dir als großzügiger Mensch in Gefahr. Also wirst du die 100 Euro geben. Dann kommt eine andere Person und sagt: „Ich habe erfahren, dass du Menschen hilfst, die in Geldnot sind. Du bist, so glaube ich, eine sehr großzügige Person. Würdest du bitte so nett sein, mir 500 Euro zu geben?" Jetzt bist du gefangen! Du bist in den Meinungen der anderen gefangen! Dein Kopf steckt in der Schlinge, aus der du nicht wieder herauskommst. Um die gute Meinung der anderen in Bezug auf deine Großzügigkeit zu erhalten, gibst du widerstrebend weiter Geld. Du gibst 1000 Mal und verweigerst einmal! Von dem Tag an wirst du nicht mehr für großzügig gehalten. Die Ablehnung geht in Umlauf und verbreitet sich. Du warst 20 bis 30 Jahre lang großzügig und hast für die Menschen um dich herum Gutes getan, und einmal hast du abgelehnt! Das passt nicht in ihr Bild. Das von der Öffentlichkeit errichtete Gebäude der Großzügigkeit bricht in sich zusammen. Ein Aufstieg im Auge der Öffentlichkeit ist sehr oft in Gefahr. Besser ist ein Aufstieg mit dir selbst als Grundlage.

Ist es nicht dumm, sich von einer so fragwürdigen Meinung anderer abhängig zu machen? Du stehst unter Spannung, solange du an der öffentlichen Meinung festhältst. Suche nicht nach öffentlichen Meinungen. Tu das, was du für gut hältst. Ein guter Tänzer, Sänger, Maler, Dichter,

Schriftsteller, Wissenschaftler ist mit sich selbst beschäftigt. Ein guter Tänzer tanzt nicht für die Stimmung des Publikums. Ein guter Sänger singt nicht, um dem Publikum zu gefallen. Ein guter Maler malt aus seiner Inspiration heraus, nicht für die Erwartung der Öffentlichkeit. Das Gleiche gilt für einen Dichter, Schriftsteller und Wissenschaftler. Mit dem Gewissen zu arbeiten wird es dir möglich, weiterhin als ein Original zu leuchten. Reduziere dich nicht darauf, die öffentliche Meinung zu kopieren. Die verändert sich schon durch kleinste Einflüsse. Sie tropft wie eine Plastiknase.

Es ist so, als hättest du operativ eine Plastiknase bekommen und der Chirurg erzählt dir hinterher, dass du nicht niesen darfst, um nicht deine Nase zu verlieren. Sobald du niest, würde die Nase abfallen! Was ist das für eine Nase? Eine Nase, die so anfällig ist, dass sie beim Niesen abfällt, ist für nichts gut. Dafür hast du einige tausend Euros bezahlt! Weil das sehr teuer ist, sagt der Chirurg zu dir: „Falls die Nase abfällt, kommen Sie zu mir zurück, und ich werde sie Ihnen wieder annähen." Natürlich ist das ein gutes Geschäft für ihn, aber teuer für dich. Öffentliche Meinungen sind wie Plastiknasen. Bei jedem Niesen besteht die Gefahr abzufallen. Also verlass' dich nicht auf sie. Verlass' dich auf dich selbst, dein Gewissen, deinen Zweck und deine tiefste Absicht – oder anders ausgedrückt: auf die Absicht deiner Seele. Das ist Uranus.

7. Uranus ist die Brücke zwischen Irdischem und Überirdischem

Uranus verhält sich weiblich zur Existenz und männlich zur Schöpfung. Der absolute Gott wird in der Schöpfung männlich-weiblich. Jenseits der Schöpfung ist der absolute Gott weder weiblich noch männlich. Für den Schöpfungszweck wird die absolute Existenz zur Existenz und zum Bewusstsein. Existenz ist der Inhalt. Bewusstsein ist der Behälter. Darum sagt man, dass die Existenz männlich und das Bewusstsein weiblich ist, entsprechend dem Prinzip von Inhalt und Behälter. Der Inhalt ist der Innewohnende, und der Behälter ist der Träger. Aber das Bewusstsein wird für alle Schöpfungszwecke männlich, weil es die Basis bildet für die Dreiheit, die vier *Kumâras*, die sieben Seher, die zehn *Prâjâpatis*, die zwölf *Âdityas*, die elf *Rudras*, die acht *Vasus*, die sieben Ebenen der Existenz und so weiter. Daher ist das Bewusstsein männlich in Bezug auf die Schöpfung und weiblich in Bezug auf die Existenz. Existenz ist die Basis für das Bewusstsein. Dagegen ist das Bewusstsein die Basis für die gesamte Schöpfung. Was also auf der einen

Ebene männlich ist, ist auf einer anderen Ebene weiblich.

Ein anderer Name für Bewusstsein ist Licht. In Bezug auf Gott als Existenz ist das Licht weiblich. Uranus arbeitet direkt von der supra-kosmischen Ebene aus und legt die Basis auf allen Ebenen für den Herabstieg der Existenz in Verbindung mit dem Bewusstsein. Er baut die Brücke, bildet die Basis und verbindet alle Ebenen der Existenz.

Im Wesentlichen gibt es vier Ebenen der Existenz, die mit sieben oder zehn genauer beschrieben werden können. Verschiedene Denkschulen arbeiten mit verschiedenen Zahlen. Die vierfältige Existenz ist im Osten wie im Westen sehr gebräuchlich. Das im Westen bekannte vierfältige Kreuz stellt die vier *Vyûhas*, Wohnsitze, dar, die im Osten als die vier *Kumâras* bekannt sind. Die erste Ebene ist reine Existenz, auf der es noch kein Bewusstsein gibt. Die zweite Ebene der Existenz ist Bewusstsein, das aus der ersten Ebene entspringt. Die dritte Ebene der Existenz steht für Ideenbildung bzw. Denken, und die vierte Ebene der Existenz ist Handlung.

Diese vier Ebenen existieren in uns. Aus diesem Grund heißt es, dass wir Ebenbilder Gottes sind, mikrokosmische Personen usw. Wir wissen, dass wir existieren, während wir nicht wissen, wie wir existieren. Dieses Wissen ist Bewusstsein, die zweite Ebene, und auf der Grundlage von Bewusstsein denken wir und entwickeln Ideen, welches die dritte Ebene der Existenz ist. Auf der Grundlage des Denkens sprechen oder handeln wir, welches die vierte Ebene ist. Drei dieser Ebenen sind unsichtbar, während die vierte sichtbar ist. Sie sind jedoch alle miteinander verbunden, denn ohne die vorhergehende Ebene kann die nachfolgende Ebene nicht existieren. Ohne Denken kann es keine Handlung geben, ohne Bewusstsein kann es kein Denken geben, und ohne Existenz kann es auch kein Bewusstsein geben. So wird Eins zu Drei und tritt in die Drei als das Vierte ein. Die Drei haben ohne die Eins keine Existenz. Im unmanifestierten Zustand sind die Drei in der Eins. Im manifestierten Zustand befindet sich die Eins in der Drei. „Eins in Drei und Drei in Eins ist das Wissen", sagen die Weisen.

Wir Menschen denken und handeln. Normalerweise wissen wir nichts über die Quelle unserer Gedanken, die Basis allen Denkens. Daher sind wir zweiarmig und nicht vierarmig. Wer die

Quelle der Gedanken kennt, erkennt sich selbst als Licht. Wer die Quelle des Lichtes kennt, ist eins mit der Existenz. Diese beiden fehlen dem Menschen: die Kenntnis des Bewusstseins und der Existenz (Sein). Sogar die Gedanken, mit denen die Menschen sich beschäftigen, sind weltlich. Solange wir unsere Gedanken auf die weltliche Aktivität begrenzen, bleibt auch unser Denkvermögen weltlich. Es wird trüb.

Das Denkvermögen hat jedoch die Fähigkeit, nach oben zu schauen, auf das Unbekannte, auf das Feinstoffliche und Überirdische. Nach oben schauen heißt nicht, undeutlich in den Himmel schauen. Nach oben schauen heißt im okkulten Sinne nach innen schauen.

Die beiden unbekannten Ebenen sind in uns. Wir können sie über eine Brücke erreichen, und diese Brücke wird von Uranus erbaut. Aus diesem Grund sagt Meister *CVV*: 'Higher Bridge Beginning' (Beginn der höheren Brücke). Die höhere Brücke führt uns vom weltlichen zum *buddhischen* Denken, vom *buddhischen* Denken zur Seele und weiter von der Seele zur Überseele. Diese Brücke wird auch die vertikale Brücke genannt.

Die Menschheit von der irdischen zur überirdischen Ebene des Bewusstseins zu erheben ist die vorrangige Arbeit von Uranus. Auf dem Pfad der Jüngerschaft gilt dies als die erste Einweihung, während sie normalerweise als dritte Einweihung bekannt ist. Das überirdische Denkvermögen wird das *buddhische* Denken genannt, auf der die Kontinuität des Bewusstseins erfahren wird und dass es den Tod nicht gibt. Ihre weltlichen Hüllen werden die Menschen weiterhin wechseln, aber ihre Identität als Seele wird fortbestehen.

Die irdische Identität ist sterblich, während die überirdische Identität als Seele unsterblich ist. Das überirdische oder *buddhische* Denkvermögen repräsentiert das Licht der Seele. Da die Seele unsterblich ist, ist auch das Licht der Seele unsterblich. Die Seele wiederum ist der Träger für die Überseele. So spiegelt sich die überirdische Aktivität im Weltlichen wider. Aufgrund der überirdischen Energie geschieht die materielle Manifestation. Das Überirdische, die Seele und die Überseele sind ätherisch, feinstofflich, unsichtbar, unsterblich und göttlich. Das Weltliche ist grob, sichtbar und sterblich. Demnach sind drei Aspekte im Menschen unsterblich und ein Aspekt ist sterblich.

Das meint die *Veda*, wenn darin von der vierfältigen Existenz die Rede ist. In allen Weltschriften wird darauf hingewiesen, dass alles vierfältig ist. Die Existenz ist vierfältig, das Wort ist vierfältig, die Welt ist vierfältig, und die Zeit ist vierfältig. Auch die Eigenschaften der Menschen sind vierfältig: es gibt die Weisen, die Schutzgebenden, die Utilitaristen und die Arbeiter.

Das Erbauen der anfänglichen vertikalen Brücke vom Irdischen zum Überirdischen hat schon begonnen. Als Resultat davon haben wir Erfindungen wie Radium, Uran, Plutonium, die Kernspaltung und die Quantenphysik – all das sind Auswirkungen der Uranusenergie auf die intuitive Gedankenebene der Wissenschaftler.

Meister *CVV* spricht davon, dass die 'Horizontale auf die Vertikale trifft'. Horizontale Aktivität ist weltliche Aktivität. Es sind ausgedehnte, seitwärts gerichtete Aktivitäten. Vertikale Aktivitäten sind spirituell; sie berühren auf vertikalen Linien die subtilsten Ebenen der Existenz. Wenn das menschliche Bewusstsein in die vertikalen Ebenen vordringt, zieht es sich aus den horizontalen Handlungen zurück. In der Horizontalen zeigt sich die nach außen auf die Objektivität gerichtete Natur. Das Verlangen nach Objektivität stimuliert uns, nach außen zu gehen. *Yoga* schlägt vor, die hinausgehende Energie wieder in das Zentrum zurückzuziehen, dorthin, wo sie herkommt. Weiterhin regt *Yoga* an, vertikale Handlungen ausführen und gleichzeitig sich aus der Objektivität zurückzuziehen.

Die Meditationspraktiken bezwecken eine vertikale Bewegung durch ein Zurückziehen aus der horizontalen Bewegung. Dem Gedanken folgt Energie. Wenn die Gedanken auf das Subtile gerichtet sind, fließt auch die Energie zum Subtilen. Sind die Gedanken auf die Objektivität fokussiert, fließt die Energie in die Objektivität. Vom Vertikalen zum Horizontalen, vom Feinstofflichen zum Grobstofflich geschieht die Manifestation. Man kann in der materiellen Welt wirken und über sie walten, ohne sich dort festzufahren. Diesen Prozess unterstützt Uranus auf den Gebieten der Naturwissenschaft und der Wissenschaft der Spiritualität.

Seit der Entdeckung von Uranus ist deutlich zu beobachten, dass sich Meditationen über den ganzen Globus verbreitet haben. Überall auf der Welt ist Meditation bekannt, obwohl die angewandten Methoden noch unreif, einfach und wenig durchdacht sein mögen. Die klassischen Methoden der Meditation sind nur den Eingeweihten bekannt, die sich sehr dafür einsetzen, über die richtigen Methoden zu informieren. Das ist der Einfluss von Uranus auf die Wissenschaft der Spiritualität. Meditation als Technik ist für alle Menschen, ungeachtet deren Kaste, Glauben, Rasse oder Nation. Sie braucht keine Religion. Sie ist spirituell und ermöglicht dem Menschen, die eine Wahrheit in sich zu erkennen, seine spirituelle Essenz. Ähnliches geschieht in der Wissenschaft. Die Menschen wenden immer mehr elektronische Mittel an und erheben sich dabei aus den weltlichen Formen. Das Weltliche enthält Schmutz, während die elektronische Version aus Äther besteht; sie hat größere Flexibilität. Obwohl sie von weltlicher Machart ist, bleibt sie nicht im Schmutz des Weltlichen stecken. In den Weisheitsschulen wird diese Arbeit auf Uranus zurückgeführt.

Das Gehirn ist elektrisch, und das Gehirn, das über das Gehirn hinaus arbeitet, ist elektronisch. Das Elektronengehirn ermöglicht ein schnelleres Arbeiten. Durch das elektrische System arbeitet die Elektronik, und durch das elektrische Gehirn arbeitet das Elektronengehirn. Das elektrische Gehirn gehört zum Jupiter und das Elektronengehirn zum Uranus. Uranus bewirkt eine blitzartige Ausdehnung des Bewusstseins durch das ausdehnungsfähige Prinzip der Elektrizität. Je größer der Einfluss der Elektronik ist, desto stärker dringt sie in Wasser und Materie ein, während Elektrizität irdische Materie nicht durchdringen kann; sie wird von der Materie absorbiert.

Der Aspekt, den Uranus im Geburtshoroskop mit Jupiter bildet, ist von großer Bedeutung. Auch der Aspekt, den diese beiden Planeten im progressiven Horoskop bilden, hat Auswirkungen. Die Astrologen täten gut daran, diese Aspekte zu berücksichtigen. Sie ermöglichen das Bauen der vertikalen Brücke. Auch die Transitaspekte dieser Planeten helfen der Menschheit dabei, die höhere Brücke, die vertikale Brücke, zu erbauen. Gerade jetzt um das Jahr 2000 besteht ein Trigon zwischen Uranus und Wassermann mit Uranus im Wassermann und Jupiter in den

Zwillingen. Daher ist es kein Zufall, dass wir über Uranus sprechen. In bescheidener Weise können wir daraus folgern, dass dieses Seminar über Uranus und das Gruppenleben in Übereinstimmung mit einer höheren Ordnung ist. Dieser Plan kommt nicht aus dem normalen Denkvermögen, sondern von einer höheren Denkebene.

Die Brücke wird nun von der anderen Seite gebaut, von der höheren Ebene aus, da die Menschheit aus eigener Anstrengung nicht in der Lage ist, sie von dieser Seite aus zu errichten. Von solcher Art ist das erhabene Werk von Uranus; er bringt die Energien aus höheren Kreisen herunter, um die Menschheit aus dem Weltlichen zu erheben. Daher wird die Brücke von oben nach unten gebildet anstatt von unten nach oben. Sie von unten nach oben zu erbauen benötigt viel Zeit, und es mag noch nicht einmal gelingen. Eine Leiter kann von oben nach unten geworfen werden, da aber die obere Ebene aus Äther besteht, kann die Leiter nicht einfach unten aufgestellt werden.

Liebe und Mitgefühl bestimmen diese Arbeit des Göttlichen. Über eine Brücke steigt das Göttliche zu uns herab, und zwar von *Varuna* zu

Âgastya, von *Âgastya* zu Sirius, von Sirius zu Uranus, von Uranus zu Regulus im Löwen und von Regulus über den Kometen Halley in den Orbit unserer Erde. Diese Energie des Mitgefühls und der Liebe wurde von Meister *CVV* in der Erdsphäre verankert. Auch auf andere Planeten dieses Sonnensystems wird die Energie von ihm verteilt. Aus diesem Grund wird er der Meister des Wassermannzeitalters genannt.

„Telegrafiere mir, ich werde zurückrufen." Wenn du den Meister anrufst, antwortet er dir! Das heißt, er gibt dir seine Gegenwart durch Klang, und Klang wird von Jupiter regiert. Daher gilt Meister *CVV* als Meister Jupiter. Er antwortet auf deinen Ruf und gibt seine Gegenwart durch Klang. Der Meister wird dich rufen, wenn du ihn inbrünstig anrufst. Er baut die Brücke und kommt zu dir herunter. Entsprechend deiner Disziplin in der Jüngerschaft wird er sogar die Brücke für immer errichten!

In der früheren *Yoga*-Praxis war es üblich, durch bestimmte Praktiken die *Kundalinî* mithilfe eines *Gurus* zu erwecken. Nun gibt es den Weg der Gnade, der sich uns öffnet, damit wir aufsteigen können. Daher wird der Weg des Meisters

Râja Yoga der *Kundalinî* genannt. Die Gegenwart des Meisters bewirkt, dass die *Kundalinî* zunächst bis zur Kehle hinaufsteigt und später bis zum höchsten Punkt der Stirn. Das ist ein Anheben von der Waage zu den Zwillingen und später von den Zwillingen zum Wassermann. Die Menschheit befindet sich in der Leidenschaft der Materie, die sich auf die Waage bezieht.

Wenn ein Kind in einer Großstadt verloren geht, dann ist es leichter für den Vater, das Kind wieder zu finden als für das Kind, den Vater zu finden. Der Vater kann die Polizei verständigen und das Kind dort abholen. Oder die Polizei kann Medien wie das Radio, Fernsehen usw. einschalten, um das Kind zu finden. Für das Kind aber ist es viel zu schwierig, auf diese Weise mit dem Vater wieder zusammen zu kommen. In gleicher Weise gilt das für den Abstieg und den Aufstieg der Menschheit in das Königreich des *buddhischen* Lichtes, welches die Peripherie des Königreich Gottes ist. Vom *buddhischen* Licht bis hin zum absoluten Gott ist alles mit dem Reich Gottes – des Lichtes – erfüllt. Die Schöpfung ist nichts anderes als ein Herunterkommen des Königreich Gottes auf die irdische Ebene.

Meister *CVV* gelang es, eine Verbindung von der kosmischen *Kundalinî* zur solaren *Kundalinî* und von der solaren *Kundalinî* zur planetarischen *Kundalinî* herzustellen. Auf diese Weise erbaute er einen Weg des Lichts, auf dem die Energien der Synthese für den Aufstieg herabsteigen können. Der Strahl des Uranus wurde direkt im Herzen des Meisters stimuliert. Folglich wurde eine große planetarische Arbeit durch ihn eingeleitet. Es geschieht zum ersten Mal in diesem Zeitzyklus, dass in dieser Art durch Klang Transzendenz zur kosmischen Ebene möglich wird. Indem wir den Namen des Meisters anrufen und den Schwingungen des Klanges folgen, wird der Aufstieg in das kosmische Sein stimuliert. „Schon das Denken an den *Guru* (den Meister) durch die Anrufung des Klangs wird die Verbindung herstellen und die *Yoga*-Arbeit zur Vollendung führen", sagt Meister *EK*.

Dieser Weg ermöglicht auch, dass wir geschult werden und Anweisungen erhalten, während sich das bewusste Denken im Schlaf befindet. Sogar während unserer Arbeit auf all ihren objektiven Ebenen führt uns der *Yoga* des Meisters zu einem natürlichen Zustand des *Samâdhi*.

Er bewirkt die bewusste Existenz des Menschen auf allen Ebenen gleichzeitig. Der Student, der diesem Pfad folgt, erfüllt seine häuslichen und sozialen Verpflichtungen und schreitet trotzdem mit der Arbeit des *Yoga*-Pfades fort.

Auf diesem *Yoga*-Pfad ist Meditation ein Geschehen und kein Tun. Der Meditierende wird in das absorbiert, über das er zu meditieren sucht. In diesem Stadium sind Farbe und Klang eins, Zeit und Raum sind eins, und der Studierende verbleibt auf der Ebene der Verschmelzung.

8. Planeten sind Übermittler der Uranusenergie im neuen Zeitalter

Uranus ist der Planet der Synthese. Er kann durch jeden Planeten im System arbeiten. Ein auf Synthese ausgerichteter Mensch kommt mit jedem anderen Energiesystem zurecht. Er kann mit anderen kooperieren, und andere mögen gern mit ihm kooperieren. Uranus gewann die freundliche Mitarbeit eines jeden anderen Planeten und wirkt daher durch jeden Planeten unseres Sonnensystems ohne Ausnahme. Das ist die einzigartige Qualität der Synthese. Die Planeten enthalten sieben verschiedene Dimensionen, und Uranus vereint die Dimensionen aller Planeten. Seine Energie ist umfassender als die aller anderen Planeten zusammen. Diese Qualität ist auch im Jupiter vorhanden. In ihm gelangen alle anderen planetarischen Energien in Übereinstimmung. Daher sagt man, dass Jupiter für Synthese steht. Es ist eine allgemein anerkannte Tatsache, dass das Volumen Jupiters als Planet so groß ist wie das aller anderen Planeten unseres Sonnensystems zusammen. Dieses ist nur ein quantitatives Verständnis. Die esoterische Wissenschaft sagt, dass es aber auch für die qualitativen Aspekte gilt. Jupiter enthält die Qualitäten aller Planeten, und daher finden alle Planeten ihre Übereinstimmung im Jupiter.*

Wie bereits erwähnt, regiert in diesem Zeitalter Uranus sogar über Jupiter. Es muss nicht extra betont werden, dass er über alle Planeten herrscht und sie mit neuen Funktionen betraut. Aus diesem Grund sagt Meister *CVV*: „Die Astrologie wird neu geschrieben. Seit meiner Ankunft wurden den Planeten neue Funktionen gegeben." Die esoterische Astrologie musste durch die Hierarchie neu herausgegeben werden, um sie denjenigen zu enthüllen, die dem Pfad der Wahrheit und der Weisheit mithilfe der Astrologie folgen. Das wird weiter in den Büchern ESOTERISCHE ASTROLOGIE von Alice A. Bailey und SPIRITUELLE ASTROLOGIE von Meister *EK* ausgeführt.

In der heutigen Zeit wirkt Uranus sehr effektiv durch die Sonne. Durch das Zeichen, in dem die Sonne der Herrscher ist oder erhöht steht, werden die Uranusenergien besonders effektiv verbreitet. Das ist auch der Fall mit jedem an-

---

* Weitere Informationen können in der Broschüre JUPITER desselben Verfassers nachgelesen werden.

deren Planeten, wenn er günstige Aspekte mit Uranus bildet. Die Planeten werden stärker stimuliert, ihre Arbeit ist wirkungsvoller, schneller und durchdringender. Das Grundthema von Uranus ist, alles mit höherer Geschwindigkeit zu erzielen und die Evolution zu beschleunigen. Entsprechend werden Planeten mit ungünstigen Aspekten zu Uranus unfehlbar das verborgene *Karma* der Menschen zum Vorschein bringen. Das Neutralisieren von *Karma* ist uranische Arbeit im neuen Zeitalter. Wann immer ein Quadrat oder eine Opposition zwischen Uranus und einem anderen Planeten oder Haus besteht, wird das *Karma* offen gelegt, so dass die Person davon geheilt werden kann. Für Uranus spielt es dabei keine Rolle, ob es sich hierbei um eine Einzelperson oder eine ganze Nation handelt. Aufgrund von Quadraten und Oppositionen, die durch den Transit von Uranus entstehen, erfährt dieser Planet eine Krise nach der anderen. Die ungünstigen Aspekte zerstören alles Unerwünschte, während die guten Aspekte eine schnellere Entwicklung im Hinblick auf einzelne Personen, Gruppen, Nationen, Rassen und den Planeten fördern.

Uranus, Neptun und Saturn erfüllen ihre Aufgabe in einer Dreiecksarbeit. Dadurch werden bestimmte Intelligenzen des Denkvermögens transformiert, die das menschliche Denken erleuchten sollen. Diejenigen, die einen günstigen Einfluss dieser drei Planeten im Horoskop erfahren, haben ein etwas anderes Denken als die Allgemeinheit.

Gleichermaßen bilden Uranus, Venus und Erde ein Dreieck im neuen Zeitalter. Diese Dreiecks-Kombination erzeugt Energien:
- von aktiver Intelligenz (3. Strahl),
- der zeremoniellen Ordnung, Ritual und Magie (7. Strahl) und
- des wissenschaftlichen Denkens (5. Strahl).

Im Wassermannzeitalter herrscht die Kraft der Venus vor, um den Plan in Bezug auf die Unsterblichkeit zu erfüllen. Daher sagt Meister *CVV* sehr mystisch, er habe die Venus stimuliert und entsprechend korrigiert, so dass sie wirkungsvoller dazu beitragen kann, den Tod zu überwinden und die Unsterblichkeit im Menschen zu erreichen. Das ist besonders dann der Fall, wenn Venus die dritte Dekade des Wassermanns durchläuft. Venus ermöglicht Geburt und Wachstum des Selbst-Bewusstseins im Herzen, und sie führt die Menschen durch Selbst-Bewusstwerdung zum Gruppenbewusstsein.

Wie bereits gesagt, wird Uranus vom Mond verhüllt, und über den Mond werden die uranischen Energien weitestgehend verbreitet. Als Schüler des Okkultismus ist man gut beraten, an Uranus zu denken, wann immer man an den Mond denkt, zum Mond oder Mondlicht schaut. Jeder Vollmond sollte als ein uranischer Vollmond gesehen werden. Es ist eher ein Fest des 'Voll-Uranus' als ein 'Voll-Mond'-Fest, wenn die Vollmonde in den eigenen Häusern des Mondes geschehen oder in den Häusern, in denen der Mond erhöht steht. Durch den Vollmond erneuert Uranus die mentale, emotionale und physische Natur der Menschheit, um eine schnellere Entwicklung der Persönlichkeiten und damit deren Transparenz zu bewirken. Derartig transparente Persönlichkeiten ermöglichen das Hindurchscheinen der Seele.

In den unentwickelten Menschen arbeitet Vulkan durch den Mond; in den entwickelteren Menschen arbeitet Uranus durch den Mond. Daher heißt es in den Lehren: „Der Mond verhüllt entweder Vulkan oder Uranus."

Uranus bringt uns die Energien von *Sâvitru*, der Zentralsonne, über die Sonne. Die Zentralsonne bildet das Herz der Sonne unseres Sonnensystems. Aufgrund der uranischen Aktivität konnten sich die Energien der Zentralsonne über die Sonne verströmen. Seit alten Zeiten wird die Zentralsonne *Sâvitru* mit dem bekannten *Mantra* der *Gâyatrî* verehrt. Es ist kein Zufall, dass sich das *Gâyatrî-Mantra* im 20. Jahrhundert auf dem ganzen Globus verbreitete. Der Arbeiter hinter diesem globalen Singen der *Gâyatrî* ist Uranus. Auch die Sonnenstrahlen enthalten uranische Strahlen. So erfahren wir regelmäßig durch die Himmelskörper unseres Sonnensystems den Einfluss von Uranus.

Wenn Uranus einen günstigen Aspekt mit Merkur bildet, wird das Sprechen kraftvoll, das heißt, magnetisch und bringt Äußerungen aus höheren Kreisen hervor. Die Sprache fließt neu und frisch und ist keine Reproduktion irgendeiner vorhandenen Literatur. Das Sprechen geschieht von Uranus zu den Zwillingen, von den Zwillingen zu Venus und von Venus zu Merkur. Diese Planeten repräsentieren die höhere Saite des Musikinstruments Mensch. Die Sprache wird wie ein Lied erfahren, und die Zuhörer werden darin absorbiert. Diese Arbeit ist nicht allein auf Merkur zurückzuführen, sie wird unterstützt von Jupiter und Uranus. Lehren durch Beeindruckung entstehen in dieser Weise. Sogar der Lehrer, wenn er einen Vortrag hält, hört ihn auch zum ersten Mal.

Die Kombination von Uranus, Jupiter und Merkur zusammen mit Saturn ermöglicht das Schreiben durch Beeindruckung. Solche Schriften werden aus höheren Kreisen zum Nutzen der Menschheit heruntergebracht. Diejenigen, die diese Schriften empfangen, müssen nicht unbedingt alles wissen, was durch sie geschrieben wird. Auf alle Fälle kommen sie der Menschheit eine lange Zeit zugute. Große Teile der GEHEIMLEHRE von Madame Blavatsky sind auf diese Weise entstanden. Die in den Büchern von Alice A. Bailey enthaltenen Saatgedanken, die fast das gesamte Gewebe des Kosmos umfassen, flossen durch Beeindruckung zu ihr. Das Gleiche gilt für die Schriften von Meister *EK*. Als Vorbereitungen dazu dienten viele Prüfungen, Turbulenzen und mühevolles Arbeiten. Sie alle waren Medien, die vom Uranusprinzip vorbereitet wurden. Meister *CVV* versprach, dass 1000 solcher Medien innerhalb von 240 Jahren bereit sein würden, um der Menschheit in großem Umfang zu dienen. Das ist eine Prophezeiung. Als Medien gelten diejenigen, die Kanäle sind für das elektronische Gehirn, für das Gehirn über dem Gehirn – das uranische Gehirn. Von all denen, die dem Pfad von Meister *CVV* folgen, wird erwartet, dass sie sich zu solchen Medien für die Energie entwickeln, die aus den allerhöchsten Kreisen heruntergebracht wird. All das geschieht durch den Einfluss von Uranus auf Jupiter, Venus und Merkur.

Merkur, der Herr der Sprache, wird durch weitere Transformationen geführt, um dem Intellekt zu ermöglichen, den Weg für die Intuition frei zu geben. Der Intellekt steht für Merkur, während die Intuition für Jupiter steht. Uranus ist der elektrische Impuls, 'Electric Hint' – die höhere Intuition. Selbst die Sprachen werden einer Wandlung unterzogen. Sie werden mehr symbolisch und weniger beschreibend. Lange und komplizierte Reden werden gekürzt; sie werden hoch verschlüsselt und kommen auf den Punkt. Auch

Bücher werden nicht mehr so ausführlich sein. Stichpunkte werden Bücher ersetzen. (Dieses Buch ist bitte eine Ausnahme!) Alle Dinge neigen dazu, ihrer Saatform zu entsprechen. Durch die Vermittlung einer Saatform kann alles verstanden werden. Auf diese Weise wird Merkur in Zukunft arbeiten. Die Kommunikation geschieht durch eine hoch verschlüsselte Sprache. Mit jedem Jahrzehnt geht die gesamte Kommunikation durch eine Reihe von Transformationen. Immer schneller werden die Kommunikationsmittel, bis sie in telepathischer Verständigung gipfeln.

Mars, der mit den Energien von Merkur arbeitet, bewirkte im 20. Jahrhundert die Kriege. Als sich Uranus das letzte Mal im Widder befand, wurden die Kriege des neuen Zeitalters ausgelöst. Die kriegerische Mentalität ist in der menschlichen Natur angelegt. Jede Nation hat ihre eigenen Kriegsgeschichten. Kriege begannen während der atlantischen Zeit und dauern bis heute an. Der Globus ist Zeuge einer kriegerischen Menschheit. Das ist die Marskraft, die von Uranus weiter angefacht wird, um diese Mentalität in der menschlichen Natur zu erschöpfen. Für die Weiterentwicklung der Menschheit muss die kriegerische Natur nach innen gebracht werden. Jeder muss mit dem Bösen kämpfen, das er in sich trägt. Ein rastloser Mensch verursacht Rastlosigkeit um sich herum, bis er lernt, die Rastlosigkeit in sich selbst zu neutralisieren. Nur ein friedvoller Mensch kann Frieden nach außen verbreiten. Man kann nicht etwas verteilen, was man nicht hat. Man kann nicht etwas manifestieren, was man nicht hat. Es ist eine reine Täuschung, wenn kriegerische Nationen von Frieden sprechen. Sie haben kein Recht darauf, von Frieden zu sprechen, bis sie zeigen, dass sie eine friedliche Haltung über ein Jahrhundert aufrecht halten können. Alle Nationen, die heute über Frieden sprechen, können keinen Frieden bewirken, solange sie den Frieden nicht in sich selbst gefunden haben. Im 20. Jahrhundert war *Mahâtmâ* Gandhi das einzige Beispiel für einen friedlichen Kampf mit einem kriegerischen Königreich. Es ist immer noch ein Wunder, wie er das schaffen konnte. Es war ihm möglich, weil er im Inneren absolut friedlich war. Er nahm die Marsenergie in sich hinein und transformierte sich selbst in einen friedvollen *Mahâtmâ*, der sich dem mächtigsten Königreich jener Zeit widersetzen konnte.

Die Wissenschaft des *Yoga* weist auf eine intelligente Nutzung der Marsenergie hin, um sich selbst umzuwandeln und umzugestalten. Wenn man das marsische Feuer nach innen nimmt, entwickelt es sich zu feuriger Aspiration; und wird diese feurige Aspiration auf die *Yoga*-Disziplin angewandt, führt sie zu Beginn in die Bereiche des Friedens und der Harmonie und schließlich zur Selbstverwirklichung.

Wenn ihr kämpfen möchtet, dann kämpft mit euch selbst; kämpft mit eurer Persönlichkeit, vergeudet keine Zeit, mit anderen zu kämpfen. Wenn ihr eure Persönlichkeit im Kampf besiegt, dann gibt es im Außen nichts mehr zu bekämpfen. Das ist das alte Verständnis der Inder und Indianer aus Amerika. Ihr müsst nicht im Außen kämpfen, kämpft gegen den inneren Drachen. Den Drachen außen zu bekämpfen ist aussichtslos. Doch es ist fruchtbar, den inneren Drachen zu bekämpfen. Eure eigene Persönlichkeit voller Stolz und Vorurteile ist der gewaltige Drachen, mit dem ihr kämpfen müsst. Setzt nicht die innere Ruhelosigkeit in einen äußeren Kampf um. Bekämpft sie im Inneren. Führt den *Kurukshetra*-Kampf innen. Es gibt Hunderte von blinden Söhnen im Inneren, die es anzugreifen gilt. Das ist die Harmlosigkeit *Buddhas*. *Buddha* kämpfte mit sich im Inneren und setzte dann auf Merkur, auf den Pfad des Lichts.

Fortwährendes Kämpfen mit dem Ehepartner, mit Freunden oder Gruppenmitgliedern geschieht aus Unwissenheit. Jedes Mal, wenn ihr mit einem Gruppenmitglied kämpft, dann versteht, dass ihr Punkte verloren habt. Mars ist der Führer eurer Armee in einem Kampf. Also bittet euren Führer, nicht hinaus, sondern nach innen hinein zu gehen, so dass er die negativen Eigenschaften in euch töten kann: Ärger, Begierde, Hass und andere, die wir alle kennen. Diese treiben ständig die *Chakren* in uns an, das heißt, nur zu einer kreisförmigen Bewegung, so dass ein Entfalten der *Chakren* in Lotusse verhindert wird. Solange die *Chakren* nicht in Lotusse umgewandelt werden, ist der Pfad für die Seele geschlossen, um in subtilere Ebenen vorzudringen. Die *Kundalinî*-Schlange kann erst aufsteigen, wenn ein *Chakra* sich zu einem Lotus entfaltet und damit der *Kundalinî* ermöglicht aufzusteigen.

Mars sollte also von jedem so genutzt werden, dass man den Kampf nach innen trägt.

Kämpft mit dem Konflikt, den ihr in euch habt, neutralisiert ihn und verbrennt die Teufel, so dass es im Wassermannzeitalter keinen Grund mehr gibt, in der objektiven Welt Kriege zu führen. In der Weise wie man in äußere Konflikte verwickelt ist, verfolgt man weiterhin den Pfad der Unwissenheit und Dunkelheit. Heutzutage sind alle wichtigen Nationen gut gerüstet, aber sie kämpfen nicht. Es gibt genug Anlass zu kämpfen, aber sie wissen, dass sie sich einen Kampf nicht leisten können. Das ist schon ein guter Schritt.

Man bedenke: seit 1981 bis heute gab es wenigstens 12 Gelegenheiten, bei denen ein dritter Weltkrieg hätte ausbrechen können. Das wurde verhindert, weil die Menschen nicht mehr gedankenlos in einen Krieg hineingehen. Sie denken nach und beherrschen sich. Man hält sich sehr zurück, um heute einen Krieg zu beginnen. Anstatt mit einer Nachbarnation im Außen zu kämpfen, bekämpft eine gute Regierung die Schwächen im eigenen Land. Innenpolitisch hat jede Nation ihre eigenen Schwächen. Äußere Kraft hilft nicht wirklich, wenn man innerlich schwach ist. So sollten eine weise Nation, eine weise Regierung und ein weiser Mensch sich anstrengen, den Kampf im Inneren auszutragen und dort das Unerwünschte ausmerzen.

Eine gute Regierungsform zu finden ist heute wichtiger Gesprächsstoff des Management. Gutes Regieren sollte bereits bei einem selbst beginnen. Wenn man sich selbst nicht regiert, kann man auch andere nicht regieren. Solange alle Ebenen nicht gut regiert werden, wird es menschliche Krisen geben. Graf Saint Germain, der Meister des Siebten Strahls der Freiheit, Unabhängigkeit und Selbstverantwortung, der in Europa auch als Meister Rakoczy bekannt ist, arbeitet ebenfalls mit den Uranusenergien zusammen, um gute Regierungsformen zu schaffen.

Die Zusammenarbeit von Uranus und Mars bewirkt eine gewisse Erschöpfung bei den Menschen, so dass sie die Sinnlosigkeit der Kriege realisieren können. Inzwischen hält die Mehrheit der Menschen nichts mehr von Kriegen. Nur die Machthaber unter den Menschen, die in den Regierungen sitzen, sehen immer noch Macht und Krieg als Mittel zum Frieden. Bis diese Regierungen einsehen, dass Krieg und Frieden nicht gleichzeitig existieren können und Macht kein Weg ist, werden die Kriege auf diesem Planeten noch andauern. Exoterisch bewirkt Mars große Verluste an Leben aufgrund von Rassen-*Karma*. Esoterisch trägt Mars zu schnellerer Transformation bei. Diese beiden Aktivitäten gewinnen gerade an Kraft.

Manu Vaivasvata, Meister *Morya* und Christus bildeten ein Dreieck, um diese Marsenergien mit den darin enthaltenen Uranusenergien so zu lenken, dass die Konflikte zwischen den Menschen zur Ruhe kommen und die Basis gelegt wird für ein friedliches Miteinander. Das ist nur das esoterische Verständnis. Der erste Impuls dazu zeigte sich nach dem zweiten Weltkrieg in Form des Völkerbundes, der sich zu einer globalen Organisation für den Weltfrieden entwickelte – die Vereinten Nationen. Die Ziele der Organisation bleiben immer noch auf der Gedankenebene stecken. Die Absicht ist, dass die UNO der Schlüssel zum Weltfrieden ist. Aber es gibt noch zahlreiche Hürden zu nehmen, bis sie dieses Ziel erreicht. Ununterbrochenes Arbeiten mit Geduld, Toleranz und Zuversicht ist der einzige Weg, bis diese noble Organisation den Vorsitz über alle globalen und internationalen Belange führen kann. Die Machtenergie in den Händen der Menschheit beansprucht und verfälscht oft die edlen Ziele der UNO.

Wenn Uranus mit Saturn arbeitet, kann mit hoher Geschwindigkeit tonnenweise das *Karma* der Menschheit geklärt werden. Das schwere *Karma* aus atlantischen Zeiten könnte nach dem ursprünglich vorgesehenen Plan für ewige Zeiten nicht geheilt werden. In der Zwischenzeit sind jedoch Wassermannenergien eingeströmt. Das Wassermannzeitalter erfordert, dass die Menschen befreit vom *Karma* fliegen können. Deshalb muss die *karmische* Aufarbeitung beschleunigt werden. Während einiges *Karma* schon bereinigt ist, wird gerade viel *Karma* auf unterschiedliche Weise neutralisiert.*

Die saturnischen Begrenzungen werden von der durchdringenden Uranusenergie neutralisiert. Selbst die dichteste Materie wandelt sich durch die Uranusstrahlen um. Von Zeit zu Zeit findet auch eine schnellere Transformation der menschlichen Körper statt. Mit jedem Jahrzehnt erhalten die Menschen immer leichtere Körper.

---

* Weitere Einzelheiten über das Neutralisieren von *Karma* ist in den Büchern DER WASSERMANN-MEISTER, VENUS UND JUPITER desselben Verfassers nachzulesen.

Ein verfeinerter Körper kann das Licht der Weisheit besser aufnehmen. Die Materie wird ganz allgemein transformiert, das heißt, die Materie, mit der die Menschheit zu tun hat, verliert ihre Dichte und Schwere. Das lässt sich bereits überall beobachten. Es sind die Auswirkungen der uranischen und saturnischen Energien. Saturn steht für feste Formen und kristallisierte Gedanken, während Uranus ununterbrochen daran arbeitet, diese verfestigten Formen und auskristallisierten Gedanken aufzulösen. Die Neigung, an der Vergangenheit zu hängen, wie lächerlich dies auch sein mag, ist eine Auswirkung Saturns. Es gibt eine beachtliche Anzahl von Menschen, die davon überzeugt ist, dass früher alles viel besser war als heute. „Die Vergangenheit ist Gold, und das Moderne taugt nichts!" Nicht alles Vergangene war golden, es gab auch Schlechtes. Und nicht alles Neue ist schlecht, es gibt einen verborgenen Fortschritt darin. Uranus arbeitet daran, all die nutzlosen Muster der Vergangenheit, die die Menschheit binden, zu zerstören und nützliche Muster einzuführen. Unwissenschaftliche, abergläubische Traditionen, wo immer sie existieren, werden von Uranus in Zusammenarbeit mit Saturn entfernt. Alte Traditionen werden notwendigerweise auf die Probe gestellt und ausgemerzt, soweit sie dem Fortschritt nicht mehr dienlich sind. Alle Gedanken und Muster, die die Menschen einengen, erfahren den starken Druck von Uranus, bis sie nachgeben. Das bewirkt die Energie des siebten Strahls, worüber wir mehr erfahren, wenn wir über Uranus und die sieben Strahlen sprechen.

Pluto hilft Uranus bei der Erfüllung des Plans, und Neptun verleiht der Arbeit von Uranus und Pluto den entsprechenden Glanz. Neptun schenkt denjenigen Freude und Seligkeit, mit denen Uranus schon gearbeitet hat. Uranus bereitet die Menschheit auf das neue Zeitalter vor, und Neptun gibt die transzendentale, selige Erfahrung. Das ist ein eigenes Kapitel, das hier noch nicht weiter ausgeführt wird.

9. Uranus und die sieben Strahlen

Strahl (Pferd)	*vedischer* Name	Qualität
1.	*Sushumna*	Wille
2.	*Harikeśa*	Liebe-Weisheit
3.	*Viśwa Karma*	Intelligente Aktivität
4.	*Viśwa Trayarchas*	Harmonie
5.	*Sannaddha*	Konkretes Wissen
6.	*Sarvâvasu*	Hingabe
7.	*Swarâj*	Gesetz und zeremonielle Ordnung

Die Weisheit der sieben Strahlen ist im Grunde ganz natürlich. In den *Veden* findet sie ihren Ausdruck, und der Tibetische Meister machte sie im 20. Jahrhundert weltweit bekannt. Man weiß, dass die Sonnenstrahlen aus sieben Farben bestehen: von indigo zu violett, über blau, rot, goldgelb, orange und grün. Man kennt sie unter der Bezeichnung Vibgyor-Regenbogenfarben. Alle sieben Aspekte der Sonnenstrahlen werden 'Strahlen' genannt, denen einer Ordnung entsprechend Zahlen gegeben werden. Daher spricht man oft vom 1. Strahl, 2. Strahl und so weiter bis zum 7. Strahl. Dies beruht auf dem Wissen, das vom Tibetischen Meister herausgegeben wurde. In den *vedischen* Schriften werden die sieben Strahlen als die sieben Pferde des Sonnenwagens bezeichnet. Die Namen der Pferde weisen auf ihre entsprechenden Qualitäten hin.

In der *vedischen* Weisheit werden viele Einzelheiten mit dem Zahlenschlüssel Sieben gegeben. Die Qualitäten der sieben Strahlen begegnen uns täglich nicht nur in den Sonnenstrahlen, sondern auf vielen anderen Wegen. Ein Sonnenstrahl ist im Wesentlichen ein Siebener-Zauberstab, der uns seine Gegenwart in vielerlei Hinsicht in uns und um uns herum schenkt.*

Neben der Eins ist die Sieben die Zahl der Sonne, weil die Sonne in siebenfacher Weise arbeitet. Uranus, die Zentralsonne, arbeitet auch mit der Zahl Sieben. So wie er mit jeder anderen planetarischen Energie zusammenarbeitet, interagiert er auch mit den Energien der sieben Strahlen der Sonne. Erinnern wir uns, dass 12 x 7 ein Uranuszyklus ist. Es wäre sehr interessant, durch die Weisheit der Strahlen das Werk von Uranus zu verstehen. Einige Hinweise mö-

* Siehe Tabelle zu den sieben Strahlen im Anhang II

gen an dieser Stelle dem Studenten genügen, um durch Studium und praktische Anwendung selbst weiter zu forschen.

Uranus stimuliert den 7. Strahl, um das Gesetz und die zeremonielle Ordnung wieder zu errichten und die viel vergessene Wissenschaft der Magie erneut hervorzubringen. Durch das Zusammenwirken des 7. Strahls ist es das uranische Bestreben, Geist und Materie zu vereinen (elektrisches Feuer und Reibungsfeuer), damit sich das Reich Gottes auf Erden manifestieren kann. Bis zur Schmerzgrenze treibt er die Menschheit und verbrennt alles Unerwünschte mithilfe des 7. Strahls. Er bringt die erhabene große weiße Loge des Sirius hinunter auf die Erde und setzt einen Freimaurer-Orden für das neue Zeitalter durch die große Loge der weißen Bruderschaft ein. Die Seelen, die sich vorbereitet haben, werden von ihm geführt und mit dem Hierophanten unserer Rasse verbunden, der die Mysterien der Einweihungen auf der Erde innehat. Für diese Arbeit ist der 7. Strahl maßgebend. Die Menschen werden über Rhythmus und Rituale informiert und über die Bedeutung eines rhythmisch geführten Lebens, so dass sie das Beste in ihrem Leben entfalten können, nämlich die Seelenqualität. Solange das Betätigungsfeld der Seele nicht durch Verbrennung gereinigt ist, kann die Seelenqualität nicht zur Wirkung kommen. Ein anderer Ausdruck für das Betätigungsfeld ist die Persönlichkeit. Alles Unerwünschte der Persönlichkeiten soll durch das Gesetz des Rhythmus ausgebrannt werden, und dies entspricht der Qualität des 7. Strahls. Ähnlich dem früheren Freimaurer-Orden werden Tempel, die dem neuen Zeitalter entsprechen, eingeführt, um den notwendigen Wechsel voranzutreiben. Über die Bedeutung des 7. Strahls hat der Tibetische Meister viel geschrieben. Meister *CVV* schlägt nun eine sehr einfache Lebensweise vor, die vollkommen auf dem Rhythmus des 7. Strahls beruht. Rhythmische Arbeit bewirkt magische Ergebnisse, und Uranus herrscht über die damit verbundenen Transformationen, um die magischen Ergebnisse zu erzielen.

Der 1. Strahl des Willens bringt den göttlichen Willen zum Ausdruck. Sobald er auf die Erde trifft, welche die 7. Unterebene der 7. Ebene ist, wird er zum 7. Strahl. Mit anderen Worten: es geht um die Verstärkung des Geistes in der irdischen Materie. Dies ist symbolisch betrachtet das Königreich Gottes auf Erden, welches für viele die Vision ist.

Indem Uranus mit dem 7. Strahl arbeitet, baut er die gleichzeitige Existenz auf allen sieben Ebenen aus. Gleichzeitigkeit ist das Kennzeichen von Uranus. Geist steht für Existenz. Wird dieser Geist mithilfe der durchdringenden uranischen Strahlen in die Atome der Erde heruntergebracht, wird die Erde schließlich zu den Königen der Schönheit emporgehoben.

In diesem Prozess arbeitet Uranus mit dem 2. Strahl und Jupiter für das Verschmelzen von Herz und Verstand. Durch dieses Verschmelzen kommt das Denken zur Synthese, indem es den Konflikt des 4. Strahls überwindet. Das Ergebnis ist Harmonie. Ein harmonisches Denkvermögen hilft Bedingungen zu schaffen, die zu entscheidenden Transformationen vom Instinkt zum Intellekt führen.

Das Denken entspricht dem Mond, und der Vollmond steht für ein harmonisches Denken. Dies wird mit der Hilfe des 4. Strahls erreicht. Daher bildet Uranus mit dem 4. Strahl und dem Mond ein Trigon und wandelt die Instinkte in den Intellekt um. Da Uranus noch ein zweites Trigon mit dem 2. Strahl und mit Jupiter bildet, hebt er die Menschen, die mit dem Intellekt arbeiten, auf die Ebene der Intuition empor. Uranus ist die höhere Intuition und bewirkt die nötige Ausdehnung.

Somit benutzt Uranus den 1. Strahl, 2. Strahl, 4. Strahl, Jupiter und Mond, um die ungünstigen Aspekte der Erde und ihrer irdischen Wesen in einen heilsamen Zustand der Göttlichkeit auf irdischer Ebene zu transformieren. Dadurch wird Saturn von seinen schweren Pflichten entlastet.

Mit einem Trigon zu Merkur und zum 3. Strahl verwandelt Uranus allmählich jegliche Aktivität in intelligente Aktivität. Intelligente Aktivität ist die Arbeitsweise des 3. Logos, der das System bis zur Erde schuf. Dabei handelt es sich nicht nur um einfache Aktivität, sondern um intelligente Aktivität. Was ist Intelligenz in der Aktivität? Die Intelligenz leitet die Aktivität, ohne sich darin zu verstricken. Man sollte Meister jeglicher Aktivität sein und sich nicht zum Sklaven machen. Ein Sklave ist gebunden, ein Meister ist frei. So sollte man intelligent handeln und dabei Freude und Seligkeit erfahren. Wenn man nicht intelligent genug arbeitet, verspürt man die Last, aber keine Freude und Seligkeit. Den Schlüssel für die Handlung hält der 3. Logos. Man muss lernen zu handeln, unermüdlich zu handeln und dennoch frei, voller Freude und Seligkeit zu bleiben. Die Lehre der Handlung ist sehr subtil, aber nicht so schwierig, wie viele vermuten.

Der Schlüssel für intelligentes Handeln ist in den Lehren von Lord *Krishna* im 3. und 4. Kapitel der BHAGAVAD GÎTÂ ausführlich enthalten. Ich möchte diesen Teil der GÎTÂ hier nicht weiter behandeln, denn darüber wurde schon oft gesprochen. Erinnert euch an intelligentes Handeln; das bedeutet: keine Manipulation, keine listige Haltung und keine schlauen Ausflüchte. Wahre Intelligenz liegt darin, für das Wohlergehen anderer zu arbeiten, anderen zu dienen und sich sogar für andere zu opfern. Sämtliche Ressourcen und Fähigkeiten zum Nutzen des umgebenen Lebens zu verwenden ist die Intelligenz, von der hier gesprochen wird. Das bedeutet nicht, einfach nur diplomatisch zu sein und die Dinge subtil zum eigenen Vorteil umzudeuten. Kurz gesagt sind Handlungen für den eigenen Profit unintelligent, und sie verursachen Bindung. Handlungen zum Wohlergehen und Nutzen anderer sind intelligent und führen uns mit Freude und Seligkeit in die Freiheit. Geschieht das nicht freiwillig, setzt Uranus diesen Schlüssel unter Zwang ein. Heutzutage empfinden die meisten wirtschaftlich gut gestellten Nationen bereits den Druck, unterentwickelten und aufsteigenden Nationen helfen zu müssen, nur um zukünftige gute Märkte für sich selbst zu sichern, aber letztendlich wird der Mythos vom Eigenprofit erkannt werden. So wird erwartet, dass dieses 21. Jahrhundert als ein 'Jahrhundert der Wohltätigkeit' in die Annalen der Geschichte eingehen wird. Uranus greift die Reichen am Schopfe und führt sie an diesen Punkt. Auf jedem Gebiet keimt jetzt die Saat des Teilens und Verteilens.

So geht es sogar Firmen, die daran denken, Kunden und Angestellte am Unternehmen teilhaben zu lassen, um größeren Nutzen für den Betrieb zu erzielen. In der Regierung und im Firmenmanagement fühlt man sich genötigt, mit denjenigen zu teilen, die nichts haben, und mit Fairness zu verteilen. „Merkur wird gerade gebogen", sagt Meister *CVV*. Der Meister deutet vorsichtig an, dass es keine Manipulationen im Reden und Handeln mehr geben und Transparenz in allen Transaktionen vorherrschen wird, sobald Uranus die vollständige Kontrolle über die Menschheit gewonnen hat. Nur durch richtiges Arbeiten mit Merkur, dem 3. Strahl und dem Kehlzentrum werden die Weltdiener hervortreten, von denen der Tibetische Meister spricht. Erst dann ist die Menschheit bereit für die geplante Einweihung.

Eine weitere Arbeit von Uranus ist, die wissenschaftlichen Kenntnisse in eine Art Weisheit und Licht umzuwandeln. Sehr charakteristisch für Uranus ist auch das wissenschaftliche Denken, welches dem 5. Strahl zugeordnet wird. Die konkreten Kenntnisse der Wissenschaften werden durch eine Serie von Transformationen geführt. Immer weitere neue Erkenntnisse führen die Wissenschaftler bis an die Grenzen des Lichts und der Weisheit. Viele alte Konzepte werden entmystifiziert und in wissenschaftliche Dimensionen geleitet. Aufgrund wissenschaftlicher Experimente haben die Alten vieles erkannt und als zuverlässige Wahrheiten im

Hinblick auf das Universum herausgegeben. Als die Menschen jedoch durch Verlangen, Leidenschaft und Gier degenerierten, wurden die wissenschaftlichen Konzepte der Alten mit einem Schleier verhüllt. Durch die übertriebene Neigung zu materiellen Vergnügungen ging die Weisheit immer mehr verloren. Heute stimmt die Wissenschaft mit vielen dieser so genannten mystischen Konzepte überein, und es findet ein Prozess der Entmystifizierung statt. Sogar die Wahrheitssucher nähern sich der Wahrheit eher auf wissenschaftliche Weise als durch mystische Praktiken. Die wissenschaftliche Annäherung an die Wahrheit wird heute als Okkultismus bezeichnet. Ein Okkultist nähert sich der letztendlichen Wahrheit auf wissenschaftliche Weise. Der *Yoga*-Pfad von *Patanjali* ist rein wissenschaftlich. Er ist allein auf den Menschen anwendbar und wird derzeit immer bekannter. Für den achtfachen *Yoga*-Pfad von *Patanjali* benötigt man keinen Glauben. Da gibt es keine mystischen Wolken. Jedermann, der der *Yoga*-Disziplin folgen möchte, wird die gleiche Wahrheit finden, innen wie außen. Meister *CVV* sagt auch: „Dies ist ein Weg des direkten Wissens. Ich erlaube keinen blinden Glauben." Die Wissenschaft sorgt für logische Schlussfolgerungen, und der Einfluss von Uranus wird schließlich eine Entfaltung des spirituellen Bewusstseins bewirken. In esoterischen Kreisen wird dies häufig als 'das Umdrehen des Rades' bezeichnet.

Der 6. Strahl betrifft die Künste, wie Musik, Tanz, Malen, Dichten und Schauspiel. Hier spült Uranus den Schmutz fort, um Neptun zu ermöglichen, mit Freude und Leichtigkeit zu arbeiten, so dass sich die Menschen umwandeln können. Um diese Unreinheiten zu beseitigen, arbeitet Uranus exoterisch mit Mars und esoterisch mit Vulkan. Es ist noch viel Reinigungsarbeit auf den mentalen und emotionalen Ebenen nötig, bis die Musik der Seele durch alle Kanäle der Künste fließen kann. Dieses bewirkt Uranus in der Zusammenarbeit mit Vulkan. Vulkan ist nur der Zwillingsbruder von Mars. Einer arbeitet subjektiv, der andere objektiv. Es ist interessant, dass die Griechen mehr mit Vulkan gearbeitet haben und dabei eine Leidenschaft für Weisheit entwickelten, aber keine Leidenschaft für Intelligenz. Vulkan ist ein Planet von okkulter Bedeutung.

Synthese ist das Schlüsselwort von Uranus im Wassermannzeitalter. Synthese bedeutet die Synthese aller Energien. Indem Uranus mit den Strahlenergien, den planetarischen Qualitäten, arbeitet, führt er eine Armee von Menschen in die Bereiche der Seele, deren wesentliches Merkmal die Synthese ist. Es wird erwartet, dass das Wassermannzeitalter – angeführt von Uranus – die Synthese zwischen den abweichenden und auseinander gehenden Aktivitäten der Menschen einleitet. Synthese führt uns aus den einzelnen armseligen Ebenen der Existenz in die Einheit der Existenz. Synthese löst die scheinbaren Gegensätze auf, neutralisiert die verschiedenen abweichenden Ansichten und macht ein allgemeines Verständnis möglich. Die Arbeit der Synthese in Bezug auf Wassermann und Uranus ist ein eigenes Thema.

10. Uranus und die Sonnenzeichen

Die Energien von Sirius werden von Uranus durch den Raum zu unserem System und der Menschheit übertragen. Sofern es den Planeten betrifft, erreichen diese Strahlen das planetarische Herzzentrum und das Herzzentrum der Jünger. Es mag hier von Bedeutung sein, dass der Planet und die Menschheit mit dem Großen Bären, den Plejaden und mit Sirius verbunden sind. Durch den Löwen, den Steinbock und die Fische stehen diese drei großen Zentren wiederum mit unserem Sonnensystem in Verbindung. Saturn, Merkur und Uranus übertragen die Strahlen zum Planeten Erde und zu den Jüngern des Planeten. Die Erde sowie die Jünger empfangen sie jeweils in ihrem Kopfzentrum, *Âjnâ*-Zentrum und Herzzentrum. Diese Dreiecksarbeiten haben Auswirkungen auf den Planeten, die Menschen und andere Lebewesen. Die Studenten des Okkultismus mögen dies zur Kenntnis nehmen.

In diesem Zyklus werden die Sirius-Energien von Uranus über die Zentralsonne des Löwen, Regulus, geleitet. Daher ist im neuen Zeitalter das Sonnenzeichen Löwe von besonderer Bedeutung. Uranus und Löwe ermöglichen einem Löwe-Aspiranten, sich selbst zu regieren und ein Jünger zu werden. Das geschieht, indem er sich selbst Disziplin auferlegt. Da Löwe in Bezug auf Wassermann weiblich ist, sollte seine negative (empfangende) Natur mehr auf den Wassermann ausgerichtet sein (auf den blauen Himmel) als auf weltliche Angelegenheiten. Ein in der Welt in Anspruch genommener Löwe kann ein Lügner sein. Nur durch Selbstdisziplin kann sich aus dem Lügner ein Löwe entwickeln.

Wenn Uranus Kontrolle ausübt, kann der Löwe-Geborene sich schneller zu einem Jünger umwandeln. Der Schlüssel für die Jüngerschaft ist die Beobachtung. Der Jünger sollte gut beobachten können. Beobachtung ist eine wichtige, von der Wissenschaft des *Yoga* geforderte Fähigkeit. In dem Maße, wie er beobachtet, geschieht die Loslösung von den weltlichen Dingen. Ein wahrer Beobachter kann sogar beginnen, sich selbst losgelöst vom Körper zu beobachten! Ständige Beobachtung wird von *Patanjali* und Lord *Krishna* als ein wichtiger Schlüssel empfohlen. Dies ermöglicht, sich bewusst sowohl von der Formenwelt als auch vom Körper zu lösen. Letztendlich kann der Student auch dahin geführt werden, dass er sich außerhalb seines Gehirns aufhält. Das ist das grundlegende Merkmal von Uranus. Der Student wird spirituell bewusst, das heißt, sein spirituelles Bewusstsein ist zu großen Äußerungen fähig. Solche Löwe-Geborenen können elektrische, dynamische Führernaturen sein. Ebenso haben sie die Tendenz, Pioniere für neue Tätigkeitsgebiete zu werden. Entsprechend ihrer Seelenqualität sind sie auch Heiler höheren Grades. Sofern Löwe-Geborene auf die uranischen Energien eingestimmt sind, können sie dynamische, elektrische und magnetische Lehrer und Heiler sein. Solche Menschen sind grundsätzlich oberhalb des Zwerchfells polarisiert. Sie bleiben geistig wach. Somit transformiert Uranus diese Löwe-Geborenen in Jünger von großer Tragweite.

Mitunter wirkt die Sirius-Energie im Skorpion. Aus diesem Grund arbeitet Uranus auch mit Skorpion-Geborenen. Tatsächlich ist Uranus im Skorpion erhöht. Skorpion-Geborene sind generell für die mystischen Wissenschaften geöffnet. Uranus ermöglicht ihnen, ein wissenschaftliches Denken zu erlangen, so dass sie viele mystische Wissenschaften wissenschaftlich dechiffrieren können. Göttliches Wissen ersetzt die mystischen Gefühle. Skorpion-Naturen sind generell mystisch und magnetisch. Ihnen stellt Uranus das göttliche Wissen durch wissenschaftliches Studium zur Verfügung. Sie erlangen die Fähigkeit, Wissen in Weisheit und Licht umzuwandeln. Skorpion-Geborene sind mit dem 1. Strahl des Willens und dem 7. Strahl des Rhythmus ausgestattet. Bekommen sie die Berührung von Uranus, entfalten sie sich zu Weltdienern. Sie sind am besten geeignet, den Plan auf der physischen Ebene zu manifestieren und zu verankern. Alles, was ihnen anvertraut wird, verankern sie sehr tief.

Die Meister von Wassermann und Löwe brauchen die skorpionischen Jünger, um den Plan auf der Erde zu festigen. Erinnern wir uns, dass diese drei Zeichen Teil des fixen Kreuzes, dem Kreuz der Jüngerschaft, sind.*

Der Meister des Wassermanns, Meister *CVV*, empfing die Energien der Synthese über den Kometen Halley, als der Mond sich am 31. März

---
* Weitere Einzelheiten werden im Buch DAS WASSERMANNKREUZ desselben Verfassers gegeben.

1910 während der Mitternachtsstunden in der Konstellation *Anûrâdha* im Skorpion – nach dem *Nirayana* System – befand. Auch das ist astrologisch ein bedeutsames Ereignis.

Uranus im Skorpion leitet eine neue Ordnung des Lebens ein. Er bietet Bedingungen für schnelle Transformationen und entwickelt das Leben des Jüngers in der Weise, dass er der Welt dienen kann. Skorpion-Geborene begreifen rasch die Ursache von Ereignissen, die auf dem Globus geschehen. Uranus ist durchdringend und Skorpion ist tief. Zusammen vollbringen sie eine nachhaltige, dauerhafte Arbeit für die Menschheit. Sie verändern gemeinsam die alte Ordnung und leiten die neue Weltordnung ein. Da Uranus in dieser Runde den Skorpion durchläuft, konnte schon viel getan werden. Während seines letzten Transits im 20. Jahrhundert legte der erhöhte Uranus im Skorpion tiefe Grundsteine für eine globale Arbeit. Bis Uranus sich erneut im Skorpion befindet, werden die damit zusammenhängenden Veränderungen noch andauern. Die erhöhte Stellung von Uranus im Skorpion zeigt eindeutig den Erfolg des Prozesses an, der für die Transformation unternommen wurde.

Uranus ist auch ein Planet der verborgenen Mysterien. Er ist einer der okkultesten Planeten. Während er im Skorpion erhöht ist, fällt er im gegenüberliegenden Zeichen Stier. Stier-Geborene neigen dazu, aufgrund ihrer Macht und Persönlichkeit im Mittelpunkt zu stehen. Der geschwächte Uranus im Stier hilft ihnen, aufzuwachen und eine Ahnung und Intuition an die Oberfläche zu bringen, die ihnen durch den erhöhten Mond gewährt wird. Mit diesen Menschen arbeitet Uranus vom *Mûlâdhâra* aus, so dass sie die entsprechende Erleuchtung erlangen. Durch *Kundalinî-Yoga* können die Stiere großen Vorteil erzielen, um ihr Licht als Aspirant in das Licht eines Jüngers umzuwandeln. Sobald das immer stärker werdende Licht der Aspiration von Uranus stimuliert wird, führt es zur vollen Erleuchtung durch die Entfaltung des spirituellen Bewusstseins.

Die Arbeit von Uranus im Wassermann kann nicht übersehen werden. Unter dem Einfluss von Uranus haben Wassermänner die Tendenz, Führungspositionen in der Welt einzunehmen. Sie sind grundsätzlich frei und können danach streben, 'freie Eingeweihte' zu sein. Uranus beeinflusst sie dahingehend, Weltdiener zu sein und leitende Aufgaben auf globaler Ebene auszuüben. Auf diese Weise ist es ihnen möglich, ihre Seelenqualität freier zum Ausdruck zu bringen, indem sie die gewünschten Veränderungen hervorrufen und neue Bedingungen schaffen.

Da Wassermann ein Zeichen des Raumes ist, gewinnt der Mensch infolge des Einflusses von Uranus ein immer größeres Verständnis von Raum. *Varuna*, der Herr von Uranus und Wassermann, übermittelt den Plan von der suprakosmischen Ebene. Das Werk von Uranus im Wassermann ist so fein ausgearbeitet. Sämtliche Veränderungen der jetzigen Zeit können dem Werk von Uranus im Wassermann zugeschrieben werden.*

Das fixe Kreuz ist das Kreuz der Konsequenzen für die Jüngerschaft. Das veränderliche Kreuz verkörpert die Menschheit in der Dualität. Diese Dualität und die damit verbundenen Schwankungen müssen überwunden und gefestigt werden. Uranus plant, diese Stabilisierung durch das fixe Kreuz in diesem Zeitzyklus zu erreichen. Daher

---

* Weitere Informationen werden im Buch DER WASSERMANN-MEISTER desselben Verfassers gegeben.

liegt die Tragweite der uranischen Arbeit im fixen Kreuz. Erinnern wir uns, dass das fixe Kreuz seine Beziehungen mit den anderen Zeichen des Tierkreises durch Trigone und Sextile herstellt. Mit Hilfe dieser Trigone und Sextile sollten daher intelligente Studenten den Einfluss von Uranus auf andere Sonnenzeichen ausarbeiten.

Der Steinbock ist der Träger und Krebs die Wohnstätte von *Varuna*. *Varuna* ist der Vater von *Bhrugu*, ein Eingeweihter 7. Grades. Die 7. Einweihung bezieht sich auf das kosmische Bewusstsein. *Bhrugu* ist der siebte der sieben Seher, der zusammen mit *Atri, Angirus, Vasishtha, Pulastya, Pulaha* und *Kratu* in Erscheinung trat. Er empfängt die Einweihung der Unbegrenztheit und Bedingungslosigkeit von seinem Vater *Varuna*, so erklären es die *Purânen* und *Upanishaden*. Das All-Sein ist der unbegrenzte, bedingungslose Zustand, der supra-kosmisch ist. Die systemische Existenz kommt aus dem kosmischen Zustand. Der Seher des Kosmos, der 7. Ebene, wird *Bhrugu* genannt – das strahlendste Licht. Selbst das Stadium des kosmischen Lichts ist als ein Stadium des Bewusstseins zu verstehen und nicht als ein Stadium reinen Seins.

Daher sucht er Weisheit von seinem Vater *Varuna*, der über allem steht. So entsteht ein Zwiegespräch zwischen *Bhrugu*, dem Sohn, und *Varuna*, dem Vater, um die Wahrheit zu erkennen. Durch Stille weiht der Vater ein, und der Sohn kontempliert. In fünf Schritten erkennt der Sohn die Unbegrenztheit.

Der Sohn befindet sich in der *Antahkarana* und sucht Weisheit vom Vater. Die fünf Einweihungen, die der Sohn empfängt, werden durch die Hand mit den fünf Fingern symbolisiert. Ausgestreckt in einer Geste der Segnung wird sie als *Abhaya Mudrâ* im Sanskrit bezeichnet. Durch dieses *Mudrâ* wird die Weisheit in der Stille übertragen. Der Schüler empfängt sie, und sie bewirkt Transzendenz in ihm. Die fünf Finger der Hand werden im Sanskrit *Makara* genannt. *Makara* ist auch ein Sanskrit-Name für Steinbock. Von *Varuna* heißt es, dass er auf ihm reitet; das bedeutet, er herrscht über ihn. Die Hand mit den fünf Fingern ist der Träger für die Übermittlung aller Weisheitsstadien. Studierende, die in das Herz eintreten und kontemplieren, empfangen sie und steigen auf. Das kardinale Zeichen Steinbock kennzeichnet die Götterdämmerung, und *Varuna* führt den Vorsitz über sie. Höhere Einweihungen finden statt, wenn die Schüler im Monat Steinbock die *Antahkarana* erbaut haben, um mit den Göttern eins zu sein. Die den fünf Einweihungen entsprechenden Rituale werden ausführlich in der *Upanishade Taittirîya* beschrieben.

Makara, die Hand mit den fünf Fingern, wird auch der weiße Drache genannt. Es ist ein mystisches Tier mit dem Kopf einer Ziege und dem Körper eines Krokodils. Dies ist die älteste Vorstellung eines Drachens. Er wird als Träger von *Varuna* beschrieben, welcher der Herr der verborgenen Kräfte des Raumes ist. Es sind seine Strahlen, die durch Uranus hinunter zur Erde kommen.

Varuna ist auch der Herr der verborgenen Kräfte des Äthers. Äther sind die Gewässer höherer Ebenen, und Wasser steht für Leben. Mit einem Dreizack in seiner Hand reist *Varuna* auf der Oberfläche der Gewässer. Aus diesem Grund wird der Krebs, das kardinale Zeichen des Wassers, auch als die Wohnstätte *Varunas* bezeichnet.

Die Symbolik von *Makara* (Steinbock) ist zu tiefgründig, um in diesem Zusammenhang erklärt zu werden. *Varuna* herrscht über den Steinbock und auch über den Krebs. Intelligente Schüler mögen weiter ihr Studium in Bezug auf den Drachen und die Gewässer des Lebens in der Schöpfung auf all ihren sieben Ebenen vertiefen.

11. Uranus arbeitet durch die *Nâdîs*

Uranus arbeitet im physischen Körper durch die *Nâdîs*. Es gibt kein deutsches Wort für *Nâdîs*. Dies sind Energiekanäle, die Bewusstsein vom Gehirn durch das Cerebrospinalsystem in jeden Winkel des Körpers leiten. Sie übermitteln Bewusstsein, das im Wesentlichen elektrisch ist und intelligente Aktivität im Körper bewirkt. Diese als Intelligenz arbeitenden Bewusstseinskanäle werden im Sanskrit *Nâdîs* genannt und unterscheiden sich von denen, die die Lebenskraft leiten. Erstere haben ihren Sitz im Kopf, während letztere ihren Sitz im Herzen haben. Es gibt unzählbar viele *Nâdîs* im menschlichen System; sie stellen ein komplexes Gewebe dar, das aus dem Gehirn hervorgeht. Die Wissenschaft des *Ayurveda* spricht von 72 000 Haupt-*Nâdîs* mit noch vielen untergeordneten *Nâdîs*. In den *Yoga*-Büchern wird hauptsächlich von drei Haupt-*Nâdîs* gesprochen, allgemein bekannt als *Idâ*, *Pingalâ* und *Sushumnâ*. Für das menschliche Auge sind diese *Nâdîs* nicht sichtbar, sie sind jedoch Träger des Bewusstseins auf der Ätherebene. Sie haben ihre eigenen Zentren, die wie ätherische Energiestrudel sind. Im *Yoga* sind hauptsächlich sieben bekannt; es gibt aber sehr viel mehr. Diese Energiestrudel wirken durch die Hormondrüsen. Die heutige Medizin weiß viel über die Drüsen, aber noch nichts über ihre ätherische Funktion. Daher ist die medizinische Wissenschaft noch nicht in der Lage, schlecht arbeitende Drüsen zu heilen. Die Drüsen haben ihre Grundlage in den Energiestrudeln, und diese Strudel wiederum entstammen dem von den *Nâdîs* geleiteten Energiefluss.

Um es verständlicher zu machen, gebe ich hier eine Definition der *Nâdîs* aus einem hinduistischen Wörterbuch: *Nâdî* = Kanal/Leitung; Nervenfaser oder Energiekanal; Nerven des subtilen Körpers.

Die Kraftlinien, die sich durch das subtile Nervensystem ziehen, werden *Nâdîs* genannt. Sie sind Träger für den Fluss der dreifachen Qualität der Seele: Wille, Wissen und Aktivität. Uranus kanalisiert die Wassermann-Energien durch dieses System der *Nâdîs*. Durch das *Nâdî*-System dringt Uranus in die verschiedenen ätherischen Zentren ein und bewirkt die erforderliche Transformation auf allen sieben Ebenen des Menschen. Wie schon erklärt, arbeitet Uranus durch alle planetarischen Prinzipien im Sonnensystem und im menschlichen System. Aus höheren Kreisen bringt Uranus den Impuls des neuen Zeitalters, tritt in das menschliche System ein und transformiert es so, wie es dem Plan entspricht. Er wandelt Materie um, transformiert das Verhalten und ermöglicht eine Transzendenz des Menschen, um feinstofflicher und göttlicher zu werden.

Ebenso existieren die planetarischen Prinzipien im Menschen und werden von Uranus als Mittel für die notwendigen Transformationen benutzt. Das Nervengeflecht unter der Schädeldecke, das das Gehirn steuert, wird von Jupiter regiert, und Jupiter wiederum wird jetzt, wie schon erwähnt, von Uranus regiert. Uranus tritt also über das Jupiter-Zentrum in das *Sahasrâra* des Menschen ein. Das *Âjnâ*-Zentrum wird von der Sonne regiert, und durch die Sonne arbeitet auch Uranus, der kontinuierlich den Übergang vom Fischezeitalter zum Wassermannzeitalter ausarbeitet. Das Kehl-*Chakra* wird von Merkur regiert. Macht Uranus seinen Einfluss auf Merkur geltend, dann geschehen Transformationen in

Bezug auf die Kehle, das Sprechen, die Sprache, die intelligente Aktivität, die Geschäfte, die Haltung dem Geld gegenüber – sämtliche Wesensmerkmale Merkurs werden geläutert, um Botschafter höherer Energien zu werden. Wenn Uranus mit Venus arbeitet, führt dies zur Entfaltung des Herzzentrums, was schließlich den Menschen ermöglicht, den Tod zu überwinden. Ähnlich verhält es sich mit dem Mond-Zentrum im Menschen, das direkt unterhalb des Nabels liegt (Solarplexus), mit Mars im Sakralzentrum und Saturn im Basiszentrum. Durch all diese planetarischen Prinzipien und planetarischen Zentren dringt Uranus in das menschliche System ein, um die gewünschte Transformation zu verursachen.

Auf allen sieben Ebenen sollen die Umwandlungen gleichzeitig vorgenommen werden. Um dies zu erreichen, entwarf Meister *CVV* den folgenden Plan. Als ein Adept sehr hohen Ranges führte er eine Technik ein, um diese Energien mithilfe des Klangschlüssels *CVV* in das menschliche System hineinzurufen. Diese Buchstaben wurden sogar zu seinem Namen, während sein eigentlicher Name von den Buchstaben etwas abweicht. Die Energie, die durch den Klangschlüssel *CVV* angerufen wird, ermöglicht einen Transformations- und Umwandlungsprozess. Damit wird das Entfalten der sieben Zentren im Körper und das Hereinströmen von Energien möglich, die Licht und Leben im Überfluss geben. Das Werk von Uranus ist so gewaltig und von so großer Bedeutung gerade in diesen Zeiten, in denen wir jetzt leben.

Die intensive Arbeit von Uranus durch die Nervenzentren verursacht die überaus große Aktivität der Menschen. Seit Beginn des 20. Jahrhunderts hat die menschliche Aktivität enorm zugenommen und steigert sich weiter mit hoher Geschwindigkeit. In einem so hohen Tempo neigt der Mensch dazu, leichter zu werden, und es ist ihm sogar möglich zu fliegen, wenn das Tempo noch mehr ansteigt. In großer Höhe erreicht ein Düsenflugzeug eine hohe Geschwindigkeit, während der Planet sich mit noch höherer Geschwindigkeit bewegt. Dadurch kann sich die Masse des Planeten im Raum halten. Geschwindigkeit ist also die Basis, damit der Planet ohne eine feste Grundlage im Raum verbleiben kann. Dieses Phänomen wird noch sehr wenig verstanden. Man sollte wissen, dass Wasser schneller als Materie ist, Feuer schneller als Wasser, Luft schneller als Feuer, und der blaue Himmel des fünften Äthers schneller als die Luft. Bei dieser hohen Geschwindigkeit scheint der Himmel sich nicht zu bewegen, dabei bewegt er sich so schnell, dass die Geschwindigkeit nicht wahrnehmbar ist. In einem Pferdewagen oder Ochsenkarren spürt man die Reise in jeder Minute, weil es eine physisch erkennbare Bewegung gibt, die sogar unbequem ist. Aber in einem Düsenflugzeug empfindet man keinerlei Bewegung außer beim Start und bei der Landung. Das liegt an der Stabilität, die sich bei hoher Geschwindigkeit einstellt.

Noch weiß die Wissenschaft nicht um die Geschwindigkeit, mit der sich Atome bilden und wieder auflösen. Dazwischen nehmen wir die Existenz einer Form wahr. Wenn wir unsere Hand von einer Seite zur anderen bewegen, ist es nicht mehr, wie es scheint, dieselbe Hand. Solange wir nicht mit der Wissenschaft von Uranus vertraut sind, können wir dies nicht erfahren. Aber auf einer niederen Ebene ist es leichter zu verstehen: wir setzen unseren Fuß in einen Fluss, nehmen ihn heraus und stellen ihn wieder hinein; obwohl der Fluss gleich erscheint, ist das nicht wirklich so, denn das Wasser im Fluss fließt immer weiter. Das Wasser besteht nur aus Molekühlen, wir sprechen hier aber von Energien, die viel subtiler sind und deren Geschwindigkeit sehr hoch ist, wie Klang und Licht. Es gibt Formbildung und Auflösung und eine sichtbare Form dazwischen. Das ist kosmische Wissenschaft. Unsere Wissenschaft ist nicht mehr weit davon entfernt, diese Wahrheit zu erkennen. Wenn das bekannt ist, wird der Schlüssel zum Erscheinen und Verschwinden von großen Eingeweihten wie Lord *Krishna*, Apollonius von Tyana und anderen verstanden werden.

Erinnern wir uns, dass Uranus supra-kosmische Energien kanalisiert, deren Schnelligkeit sich jenseits unserer Vorstellungskraft befindet. Seine Fähigkeit zu transformieren und zu reformieren und seine Geschwindigkeit übersteigt unser Vorstellungsvermögen. Diese gegenwärtig wirkenden Energien führen zu einer derartigen Aktivität. Denkt nicht daran, aus dieser intensiven Wirkungskraft auszusteigen. Springt in den Fluss der Intensität hinein und transformiert euch selbst! Von solcher Art ist die Arbeit von Uranus in Bezug auf den Planeten und den planetarischen Wesen. Indem ihr euch auf diese Energien ausrichtet und sie täglich in euch aufnehmt, werdet ihr angehoben, um im Einklang mit dem im Gang befindlichen Evolutionsprozess zu sein. Wenn ihr euch nicht in diesen Fluss von Uranus begebt, werdet ihr hineingestoßen. Sich dagegen aufzulehnen wird nur unnötige und vermeidbare Spannungen verursachen. Wir entwickeln Nerven aus Stahl, wenn wir uns auf Uranus und seine Energien ausrichten. Die Spannungen entstehen nur aus dem psychischen Widerstand gegen die schnellen Veränderungen, die überall stattfinden und Druck auf den Menschen ausüben. Seid mit der Energie, seid im Fluss, geht nicht dagegen an, es sei denn, moralische oder ethische Werte werden verletzt. Religionen sind dabei keine Parameter für moralische oder ethische Standards. Die Wissenschaft hinter einer Moral ist der Maßstab. Seid darin und seid frei! Das ist die Schönheit des *Yoga*. Sein und Nicht-Sein ist die Schönheit dieses Zeitalters.

„Steht frei, während ihr von Menschen umgeben seid", sagt der Tibetische Meister. In den *vedischen* Schriften werden die scheinbaren Gegensätze immer zusammen dargestellt, weil sie im höheren Sinne komplementär sind und nur scheinbar gegensätzlich.

Um frei zu stehen, müsst ihr nicht in den Wald gehen. Begebt euch in den Stress und die Anspannung des Lebens, versinkt aber nicht mit dem Kopf darin. „Köpfe in den Wald, Hände in die Gesellschaft", sagt *Šrî Satya Sai Baba*. Das heißt, man bleibt vertikal nach oben ausgerichtet und lässt die Arbeit horizontal durch sich geschehen. Auf diese Ebenen möchte uns Uranus führen.

Die Kraft liegt mehr im ätherischen Sein als in der groben Materie. Uranus sorgt dafür, dass die menschliche Existenz in den vierten Äther – die *buddhischen* Ebene – angehoben wird. Die Menschheit befindet sich zurzeit auf der physischen, emotionalen und mentalen Ebene. Dies entspricht, von unten nach oben, dem ersten, zweiten und dritten Äther. Aufgrund der extra Portion Wassermann-Energie durch Uranus wird die Menschheit zu dieser Erfahrung des vierten Äthers geführt. Diese zusätzlichen Energien bewirken zum einen eine Stimulierung der latenten Hitze in den Körperzellen; außerdem beschert Uranus ein übermäßiges Angebot an Lebenskraft über das Herzzentrum, wobei *Prâna* die aktive Hitze anregt. Wenn die latente Hitze in den Körperzellen und die aktive Hitze des *Prâna* zusammen kommen, beginnt das *Kundalinî*-Feuer aufzusteigen. Es schießt nach oben durch die physischen, emotionalen und mentalen Schichten und erreicht die *buddhische* Ebene. Das ist die Arbeit, die die älteren Brüder der Menschheit, die planetarische Hierarchie, für die Menschen im neuen Zeitalter geplant haben. Die hierfür benötigte Technik wurde von Meister *CVV* herausgegeben. Das ganze Werk kann als die Arbeit von Uranus durch das *Nâdî*-System des Menschen betrachtet werden.

12. Uranus und die menschliche Aura

Die menschliche Aura ist ein Bewusstseinsfeld innerhalb des universalen Bewusstseins. Wir sind im Körper, und gleichzeitig umgeben wir ihn. Wir identifizieren uns mit unserer Bewusstseins-Aura und mit dem Körper oder Träger, durch den wir arbeiten. Unser Körper ist nur eine vorübergehende Wohnstatt, die uns hilft, unser Ziel auf Erden zu erfüllen. Er ist ein Träger oder Hilfsmittel, durch das wir mit der materiellen Objektivität in Verbindung treten und in der Welt handeln können.

Uranus regiert die Aura um den physischen Körper, in dem sich das Bewusstsein befindet. Die Aura des physischen Körpers besteht aus einem Magnetfeld, in dem sich das Bewusstsein aufhält. Der größte Teil des Bewusstseins befindet sich außerhalb des Körpers. „Ein Viertel ist innerhalb und drei Viertel sind außerhalb", sagt die *Veda*. Nur ein Viertel ist für das physische Auge sichtbar, wohingegen drei Viertel für das visionäre Auge sichtbar sind. Die Aura innerhalb und außerhalb der menschlichen Form wird von Uranus regiert. In Wahrheit entwickelt sich die menschliche Form innerhalb der Aura. Es scheint nur so, als befände sich die Aura in der menschlichen Form. Die Aura lässt sich vergleichen mit einem Raum, in dem ein Gebäude errichtet wurde. Wir nehmen den Raum innerhalb und außerhalb des Gebäudes wahr. Tatsächlich befindet sich der Raum nicht im Gebäude, da es für ihn weder Innen noch Außen gibt. Es hat nur den Anschein. Der Raum innerhalb des Gebäudes wird 'die Person' oder *Purusha* genannt, da sie scheinbar in die menschliche Form eingetreten ist. Der Mensch befindet sich jedoch zu drei Viertel außerhalb seiner äußeren Form. Mit seinem Körper ist er durch einen Lebensfaden verbunden, der aus seinem Bewusstsein hervorgeht. Durch diesen Lebensfaden fließen die Lebensenergien in seinen Körper hinein und erbauen bzw. erhalten den Organismus.

Uranus steht für den ätherischen Teil der Aura. In diese Aura zieht sich der Mensch in den Stunden des Schlafes zurück, wobei er mit seinem Körper über die Lebensschnur verbunden bleibt. Wird der Lebensfaden durchtrennt, ist der Mensch von seinem Körper befreit. Dieses

Geheimnis sollte uns stets gegenwärtig sein: wir sind mit dem Körper durch den Lebensfaden verbunden. Während des Schlafes befinden wir uns außerhalb unseres Körpers, bleiben jedoch mit ihm verbunden. Im *Yoga* ist es eine gängige Praxis, seinen Körper zu verlassen und andere Orte aufzusuchen, während man gleichzeitig die Verbindung zu seinem Körper durch den Lebensfaden aufrecht hält. Dies wird auch als Astralreise bezeichnet. Sie kann wissenschaftlich erklärt und bewusst praktiziert werden.

Im Osten ist diese Wissenschaft allgemein bekannt, dennoch wird sie nur von wenigen praktiziert und gemeistert. Während des Schlafes kann man versuchen, seinen Körper zu verlassen und ihn zu betrachten. Am Anfang mag es schwierig erscheinen, da einem die Übung fehlt. Sobald man sich daran gewöhnt hat, macht man langsam auch außerkörperliche Erfahrungen. Diese Übung muss zunächst in Gegenwart eines anderen Menschen, der diese Wissenschaft beherrscht, durchgeführt werden; sonst könnten Störungen auftreten, die dem Körper einen Schock versetzen. In der Regel sollte man beim Schlafen mit dem Kopf nach Osten und den Füßen nach Westen liegen. Hinter dem Kopf sollte eine Lampe angebracht sein, um das Heraustreten aus dem Körper zu erleichtern. Der Übende sollte sich vorstellen, wie er sich nach und nach von den fünf Sinnen des Körpers, vom Denken und vom Verstand zurückzieht und als Miniaturbild aus Licht aus dem *Sahasrâra* zur Lampe hin austritt. Die Lampe sollte sich in einiger Entfernung hinter dem Kopf befinden, da die menschliche Aura sogar über den Kopf hinaus reicht. Nun sollte sich der Übende vorstellen, wie diese Miniaturform in sein Bewusstseinsfeld eintritt, welches er selbst ist und alles umgibt. Durch diese Visualisierung erkennt er, dass der Körper sich in ihm befindet und ein Teil von ihm sich im Körper aufhält. Es wird ihm bewusst, dass er kein Gefangener seines Körpers ist, sondern vielmehr der Halter seines Körpers, dass er seinen Körper hält und nicht umgekehrt. Wenn er dies begreift und versteht, wandelt sich sein Selbstverständnis. Er erkennt, dass er ein aurisches Bewusstseinsei ist, das verschiedene Formen annehmen und sich von der menschlichen Form lösen kann, wobei er über den Lebensfaden mit der Form verbunden bleibt.

Der Mensch hält sich hauptsächlich in seinem Aurafeld auf, während ein Teil von ihm die menschliche Form bewohnt.

Im Traum verlassen wir den Körper und erleben Orte, Menschen und Ereignisse. Daraus lässt sich leicht ableiten, dass im Traum der Körper auf dem Bett liegen bleibt, während der Mensch selbst umherwandert. Wenn der Traum endet, kehrt er wieder in seinen Körper zurück. Die oben genannte Übung ermöglicht ein bewusstes Heraustreten aus dem Körper, wobei dies im Traum unbewusst geschieht. Die Natur übernimmt dies für den Menschen. Es zeigt uns auch, dass wir leben, um Ereignisse, Orte und Menschen – sogar ohne Körper – zu erfahren!

Während des Schlafes tritt der Mensch immer wieder aus seinem Körper heraus und sammelt in den feinstofflichen Welten Erfahrungen, die in der unbewussten (überbewussten) Schicht seines Denkens gespeichert werden. Im bewussten Zustand ist er sich dessen nicht gewahr, weil die unterbewussten, bewussten und überbewussten Schichten beim Menschen hinter Schleiern verborgen liegen. In den unterbewussten Schichten finden sich Instinkte, die aus der Vergangenheit herüberreichen. In den bewussten Schichten ist sein gegenwärtiges Verständnis angelegt. In den überbewussten Schichten nimmt er Wissen und bestimmte Informationen auf, die sich ihm erst im Laufe der Zeit in den bewussten Schichten offenbaren. Der Schlaf ist ein großartiges Geschenk der Natur und zugleich ein spannendes Experimentierfeld für *Yoga*-Schüler. Es gibt eine Wissenschaft, wie man im Schlaf wissbegierig Erkundungen anstellen und Geheimnisse entschleiern kann.

Das bewusste Verlassen des Körpers ist Bestandteil der *Yoga*-Praxis. Die Menschen erhalten immer mehr Informationen über ihre feinstoffliche Existenz im Aurakörper oder Ätherkörper. Sie sollten üben, den Körper je nach Bedarf zu verlassen. Das bewusste Heraustreten aus dem Körper gehört zu den Entwicklungsschritten, die die Menschheit im Wassermannzeitalter vollziehen wird. Dadurch wird endgültig auch die Illusion des Todes überwunden. Es ist der große Übergang, den Uranus plant und verwirklicht.

Wie man seinen Körper verlässt, wird im Buch SPIRITUELLES HEILEN (desselben Verfassers) dargelegt. Die Ausführung oben ist stark vereinfacht.

Wenn ihr diese Übung ständig in den Stunden des Schlafes durchführt, werdet ihr außerkörperliche Erfahrungen machen. Es hängt davon ab, wie konsequent ihr die Regeln befolgt. Wer einmal eine außerkörperliche Erfahrung gemacht hat, hat keine Angst mehr vor dem Tod, denn er weiß, dass er beim Verlassen des Körpers nicht stirbt. Während die Verbindung zu eurem Körper fortbesteht und der Körper sich ausruht, könnt ihr weite Entfernungen zurücklegen. Auf diese Weise lässt man die Jünger während der Schlafstunden arbeiten. Jünger, die die dritte Einweihung haben, verlassen ihren Körper bewusst und erledigen ihre Arbeit. Diejenigen, die zwischen der zweiten und dritten Einweihung stehen, tun dies unbewusst. Der Meister führt das ätherische Doppel seines Jüngers, so dass er bestimmte Orte erreichen kann; er ermöglicht ihm, eine bestimmte Arbeit auszuführen oder in einem *Ashram* unterrichtet zu werden. Der Jünger speichert all diese Erfahrungen in seinen überbewussten Schichten, deren er gewahr wird, je weiter er auf dem Pfad der Jüngerschaft voranschreitet.

Dieser Aspekt der Jüngerschaft wird von Meister *EK* in seinem Buch MUSIK DER SEELE eingehend beschrieben. Sogar vor der dritten Einweihung kann ein Jünger für die aktive Arbeit eingesetzt werden, falls er sich während der Schlafstunden dafür bereitstellt. Es muss ein bewusstes Bestreben, eine aufrichtige Bitte des Jüngers an seinen Meister sein, dass er ihn segnen möge, indem er ihm bei seiner Arbeit helfen darf.

Wenn ihr den Meister regelmäßig bewusst darum bittet und euer Denken nicht auf andere Dinge ausrichtet, könnte sich euer Wunsch erfüllen, je nach dem Willen des Meisters. Jene unter euch, die tief mit der Weisheit verbunden sind, wachen manchmal in dem Bewusstsein auf, dass sie an einem Unterricht teilgenommen haben und von einer bekannten oder unbekannten Person an einem heiligen Ort unterrichtet wurden. Vielleicht erinnert ihr euch, dass einige eurer Mitschüler ebenfalls anwesend waren. Dies geschieht häufig, auch wenn man sich nicht gut daran erinnern kann, was im Einzelnen gelehrt wurde. Je mehr ihr euch im Laufe der Zeit darauf einstellt, desto mehr könnt ihr diesen Prozess und sogar die Lehren auf den bewussten Schichten verstehen.

Wenn die Stunde schlägt, kämpft ihr nicht dagegen an, um im Körper zu bleiben oder habt Angst vor dem Verlassen des Körpers, da ihr bereits eine sehr ähnliche Erfahrung der außerkörperlichen Existenz gemacht habt. Das Verlassen des Körpers fällt euch daher leicht, weil es weder unbekannt noch ungewohnt ist.

Den Körper bewusst verlassen zu können ist ein ganz wesentlicher Schritt. Da die Menschen nicht bereit sind, bewusst zu gehen, werden sie in einen unbewussten Zustand versetzt und dazu gebracht, ihren Körper zu verlassen. Am besten ist es, wenn man seinen Körper bewusst verlässt, am zweitbesten, wenn man ihn unbewusst verlässt, und am drittbesten und zugleich am ungünstigsten ist es, wenn man bewusstlos ist und am Körper festhält. Es ist wie eine Art Gefangenschaft, unter der heute viele leiden, da sie nicht wissen, wie sie ihren Körper verlassen sollen. Im Westen kommt dies häufig vor und hat sich inzwischen zu einem gesellschaftlichen Problem entwickelt. Zukünftig werden Informationen darüber, wie man seinen Körper verlassen sollte, Teil des Erziehungsprogramms sein, das von Uranus geplant ist. Es ist paradox, dass Unwissenheit und Angst in dem Maße zunehmen, in dem die Zivilisation fortschreitet. Das kann man nicht Zivilisation nennen. Es erfordert von uns ein Umdenken. Uranus enthüllt die Realität der überirdischen Welt, um die Dunkelheit der irdischen Welt zu vertreiben.

Der okkulte Schüler arbeitet daran, seinen Körper bewusst zu verlassen. Dies sollte Teil unserer täglichen Übung während des Schlafes sein. Der ätherische Teil des Körpers, in dem das Bewusstsein residiert, wird von Uranus regiert. Bitte erinnert euch daran, dass der Ätherkörper aus goldenem Licht besteht und der Kausalkörper aus diamantenem Licht. Beide unterstehen Uranus, da Uranus oder *Varuna* den Teil im Menschen repräsentiert, der dem Geist als Gefäß dient. Der Wohnsitz ist *Varuna*, *Mitra* ist der Bewohner. Der Geist, der im Kausalkörper wohnt, wird Seele genannt. Der Geist ist *Mitra*, und die Seele als Körper des Geistes ist *Varuna*. Die Seele wohnt im Kausalkörper. Somit entspricht die Seele *Mitra* und der Kausalkörper *Varuna*. Ähnlich sind der goldene Körper und der Körper aus Fleisch und Blut Prinzipien von *Varuna*. Alle Körper oder Gefäße sind *Varuna*, der innewohnende Geist bzw. die innewohnende Seele hingegen entsprechen *Mitra*. Wir haben verschiedene feinstoffliche Körper, die von der Mutter/*Varuna* regiert werden. Der weibliche Aspekt von *Varuna* wird in den Schriften *Varuni* genannt.

Denkt daran, dass es einen Lebensfaden und einen Bewusstseinsfaden gibt. Durch den Lebensfaden sind wir mit den Körpern verbunden, durch den Bewusstseinsfaden wirken wir durch die Körper. Der Körper ist nur auf bestimmte Zeit unser Wohnort. Wir ziehen den Körper an, um in der Welt wirken zu können. Wenn wir nicht arbeiten, müssen wir nicht darin verweilen, ähnlich wie beim Auto: wir steigen ein, gehen zur Arbeit und stellen es ab, sobald die Arbeit getan ist. Der einzige Unterschied zwischen unserem Körper und einem Auto ist der, dass der Körper über den Lebensfaden mit uns verbunden ist. Das heißt jedoch nicht, dass wir als Einheiten des Bewusstseins im Körper verhaftet sind und ständig darin wohnen. Wir befinden uns in ihm, wenn wir arbeiten und verlassen ihn, wenn wir schlafen. Der Körper entsteht durch eine Absonderung unserer Lebensenergie und dient als Hilfsmittel, damit wir unsere Arbeit verrichten können. Seht wie die Schnecke ihr Haus erbaut und darin wohnt. Das Schneckenhaus entsteht durch Absonderungen der Schnecke. Entsprechend webt die Spinne ihr Netz, indem sie Schleim absondert. Unser Körper ist ebenfalls eine Form der Absonderung, aber wir reichen über ihn hinaus. Vergesst nicht, dass wir den Körper halten. Es ist nicht der Körper, der uns hält – aber wie die Schnecke hängen wir daran fest. Die Schnecke trägt ihr Haus überall mühsam mit sich herum. Ähnlich tragen die Menschen ihre Körper schmerzvoll mit sich herum und wissen nicht, wie sie ihn verlassen können. Wir existierten, noch bevor die Form entstand. Wir existieren auch dann fort, wenn sich die Form aufgelöst hat. So sollten wir die Dinge verstehen. Der Traum bildet einen Schlüssel für dieses Verständnis. Der Schlaf ist ein noch größerer Schlüssel, der vom gewöhnlichen Menschen nicht verstanden wird. Die Jünger, die *Yogis* haben ihn entschlüsselt und leben daher ein erfülltes Leben. Ihr Leben ist erfüllt von *Ânanda* – Glückseligkeit. Sie wissen, dass sie als Menschen ihren Körper durchdringen und auch jenseits von ihm existieren. Denkt immer daran, dass unsere Aura aus Licht unser eigentliches Wesen ist und wir nur durch den Körper arbeiten.

13. Uranus verleiht Originalität

Spirituell zu sein heißt, originell zu sein. Jeder von uns ist ein Original. Ein jeder tritt aus dem DAS hervor als ICH BIN. Jeder bezieht sich auf sich selbst in Form von ICH BIN. DAS steht für die Universelle Existenz. DAS als ICH BIN steht für die einheitliche Existenz. DAS ist das Original und alles, was aus DAS hervorkommt, ist ebenfalls ein Original. Keiner von uns ist eine Kopie – es sei denn eine Kopie von DAS. Als Menschen sind wir einander ähnlich, aber wir sehen nicht gleich aus. Unser Äußeres, unsere Sprache und unsere Verhaltensmuster sind einzigartig. Kein Wissenschaftler gleicht einem anderen. Jeder Künstler, Dichter, Maler, Denker, Reformer, Eingeweihte oder Sänger ist in sich einzigartig. Er ist ein Original, denn jeder einzelne ist aus dem Ursprung hervorgekommen.

Im Rahmen des Entwicklungsprozesses können durchaus inspirierende Eigenschaften übernommen werden. Die Persönlichkeit eines anderen nachzuahmen ist unmöglich und wenig ratsam. Andere Menschen nachahmen zu wollen ist von geringem Wert. Doch es ist wertvoll, sich edle Charaktereigenschaften zu Eigen zu machen. Bei dem Versuch, einen anderen zu imitieren, bleibt der Nachahmer immer zweitrangig – die wenig geschätzte Kopie. Nur das Original wird von anderen wertgeschätzt.

Selbst bei den Tieren ist jedes Tier ein Original. Beispielsweise gleichen sich keine zwei Hunde derselben Rasse. Jeder unterscheidet sich vom anderen durch irgendein besonderes Merkmal. Ähnlich ist es bei den Bäumen. Zwei Mangobäume, die vom selben Mutterbaum abstammen, weisen verschiedene Merkmale auf. Entsprechend verhält es sich bei den Menschen mit Zwillingen.

Solange man nicht seine eigene Originalität entfaltet, ist man nicht natürlich und kann niemals spirituell sein. Das Spirituelle verblasst, sobald man die Verhaltensmuster anderer Menschen kopiert, und man wird langsam unnatürlich. Man kann sich ein Bild von verschiedenen Verhaltensmustern, Qualitäten und Entwicklungswegen machen, aber sie nicht mutatis mutandis übernehmen. Manchmal kann dies alberne Formen annehmen. Wie ihr wisst, gibt es in Indien jede Menge Moskitos – so wie hier in Argentinien. Einmal gab ein Meister einem Schüler ein Buch, um es zu kopieren. Damals gab es noch keine Kopiergeräte. Das Buch, das ihm der Meister ausgehändigt hatte, wies an zwei Stellen tote Moskitos auf. Der Student war so treu-doof, dass er zwei Moskitos einfing, sie tötete und exakt in die Seiten einfügte, in denen sich in der Originalversion die Moskitos befanden. Nachahmer sind im Allgemeinen so: sie sind mehr darauf bedacht, das Unwesentliche zu imitieren statt das Wesentliche.

Imitation ist kindisch. Es ist der Tod der Originalität und verhindert ein originelles und kreatives Denken. Heutzutage sind die meisten Schulen in unserer Welt sehr effektiv, wenn es darum geht, das kreative Potential abzutöten. Moderne Schulen sind ein Hindernis für die natürliche Entfaltung des menschlichen Bewusstseins geworden. All dies geschieht im Namen der Bildung und Erziehung. Es ist wirklich paradox. Die Schulen gleichen eher Produktionsstätten für stereotype Produkte. Dabei bringen sie in großer Zahl menschliche Maschinen hervor, die auf das Geldverdienen ausgerichtet sind. Die meisten originellen Denker, die die Schönheit des menschlichen Bewusstseins entfaltet haben, haben die Schule häufig vorzeitig abgebrochen. In bestimmten Tälern des *Himâlayas* werden Menschen auch heute noch ohne Schule unterrichtet. Sie lernen vom Himmel, von der Erde, von den Bäumen in der Umgebung, den Tieren und auch von den Menschen. Bitte denkt daran, dass der Schwerpunkt auf Himmel, Erde, Baum und Tier liegt. Die Menschen werden auch in das Lernen eingeschlossen – wobei die Betonung auf dem Wörtchen 'auch' liegt.

Ein Weiser, der für seine Weisheit angesehen war, sagte einmal zu seinem Sohn: „Lerne von der Mutter Erde, von Baum und Tier, den Elementen und dem Himmel; lerne von Sonne und Mond, den Jahreszeiten und Zeitzyklen. Lerne von den Sternen und ihren Konstellationen. Lerne auch Dinge über dich selbst: Woher kommt dein Verlangen? Woher kommen deine Gedanken? Frage dich, was du am liebsten tun würdest. Verschwende keine Zeit mit Essen und Schlafen. Wenn du nicht auf diese Weise lernen willst, gebe ich dich in eine englische 'Doon-Schule'." Die 'Doon-Schule' ist eine englische Schule in den Hügeln des *Himâlayas* in Indien, die sich in einem Ort genannt Dehradûn befindet. Sie bereitet Kinder auf das moderne Leben vor. Heute haben diese Schulen und auch die Lehrer beinahe jede Originalität eingebüßt.

Nahezu jede menschliche Aktivität ist heute von Mittelmäßigkeit geprägt, wobei der eine den anderen kopiert. Sobald jemand versucht, ein Original zu sein, wird er von den Eltern, den Lehrern oder von der Gesellschaft in die Schranken verwiesen. Die Gesellschaft fühlt sich wohl mit Mittelmäßigkeit, mit einer Herdenmentalität. Sie zieht es vor, wenn das Leben in allgemeingültigen Bahnen verläuft – so wie ein Hamster in seinem Rad.

Für Uranus ist dieser Zustand unhaltbar. Uranus zerbricht die Unwissenheit, die mit einer toten Routine verbunden ist. Er erträgt keine nichts sagenden Handlungen, die nicht mehr zeitgemäß sind. Wenn es erforderlich ist, bricht er mit Traditionen, um die innere Originalität zu bewahren. Erweisen sich die bestehenden gesellschaftlichen Konventionen für die gegenwärtige Zeit als wertvoll, bleiben sie von Uranus unberührt. Handlungsweisen und Traditionen, die sich überlebt haben, werden von der jüngeren Generation nicht mehr respektiert. Wenn die Wissenschaft der Werte nicht weitergegeben wird, wie sie in der Tradition existiert, dann werden selbst wertvolle Traditionen von der jüngeren Generation zerbrochen. Die zukünftigen Generationen brauchen von den Älteren wissenschaftliche Erklärungen hinsichtlich dessen, was sie tun und was sie den Jüngeren auferlegen. Sie lassen sich keine Zwänge mehr auferlegen; nur wenn Handlungsweisen erklärt oder wissenschaftlich belegt werden, können sie akzeptiert werden.

Originalität in allen Lebensbereichen – dies ist es, was Uranus bewirken möchte. Uranus erzeugt keine neue Originalität, sondern bewahrt die Originalität des einzelnen Wesens. Da jeder Mensch einzigartig ist, stärkt Uranus seine Originalität, um sie zu voller Blüte zu bringen. Dabei bewahrt Uranus die Würde jedes Menschen und führt ihn zur Selbstherrschaft. Wer originell sein will und sich abseits ausgetretener Pfade bewegt, muss für sich selbst Verantwortung übernehmen. Wenn die Kinder sich heute von ihren Eltern distanzieren, kann man das als eine Qualität von Uranus ansehen. Die Eltern haben ihren Kindern gegenüber nur eine Pflicht: ihnen Werte zu vermitteln. Sie können ihnen weder etwas aufzwingen, noch sie beeinflussen. Noch weniger sollten sie versuchen, ihre Kinder zu kontrollieren. Es ist zwecklos.

Keiner möchte Vorschriften oder Befehlen folgen. Man kann bestenfalls Informationen weitergeben, wenn danach gefragt wird. Ratschläge sollte man nur dann erteilen, wenn sie erbeten werden. Man kann nur dann Ratgeber sein, wenn der Ratsuchende darum bittet. Der Ratsuchende ersucht den Ratgeber nicht für jetzt und alle Zeiten, sondern nur dann, wenn er einen Rat benötigt. Wer sich als Ratgeber aufspielt und ungefragt Ratschläge erteilt, ist ein Narr. Diese wohlmeinenden Ratgeber werden zukünftig immer stärker enttäuscht. Wenn dies für Ratschläge gilt, gilt es umso mehr für Anweisungen und Befehle. Wenn man jemanden beauftragt oder ihm etwas befiehlt, kommt dies einer Ausübung von Macht gleich. Aufgrund der langen Leidensgeschichte, die die Menschheit durch Machtmissbrauch erfahren hat, lehnt das menschliche Bewusstsein die Ausübung von Macht ab. Anweisungen und Befehle sollten positiv umgewandelt werden in freundliche Kommunikation und Unterbreitung von Vorschlägen. Freundlichkeit ermöglicht eine herzliche Beziehung, während Macht Herzlichkeit verhindert. Seid weise und seid euch dessen bewusst! Ändert euer Kommunikationsverhalten und lasst euch nicht von Macht leiten! Möge eure Sprache geprägt sein von Liebe und Freundlichkeit! Übt euch in Gewaltlosigkeit hinsichtlich eurer Sprache und Kommunikation!

Informiert, aber beeinflusst nicht. Versucht nicht einmal zu beeindrucken, sondern drückt euch nur aus. Es liegt am Zuhörer, ob er beeinflusst, beeindruckt oder inspiriert wird – oder auch nicht. Uranus lehrt nicht nur Freundlichkeit, sondern auch Sanftheit. Seid ihr nicht sanft, erhaltet ihr eine feindliche Antwort oder Reaktion. Ihr wundert euch vielleicht, dass bei all dem, was bisher über Uranus gesagt wurde, er auch sanft sein kann? Gerade darin liegt die wahre Schönheit von Uranus. Er ist sanft zu den Sanften, feindlich zu den feindlich Gesinnten, freundlich zu den Freundlichen. Er begegnet einem auf gleicher Ebene. 'Meet Levels' ('Treffe die Ebenen') ist auch eine Meditation, die von Meister *CVV* herausgegeben wurde.

Ein anderes herausragendes Beispiel ist das Leben von Lord *Krishna*. Für die Musikliebhaber war er ein Musiker, unter Tanzenden war er ein Tänzer. Zu den Freundlichen war er freundlich. Jenen, die ihm mit Liebe begegneten, zeigte er sich als Liebender. Bei den Diplomaten war er ein Diplomat. Gegenüber den Mächtigen war er machtvoll. Für die Kriegstreiber war er ein unbesiegbarer Kämpfer. Für die Einfachen war er einfach. Für die *Yogis* war er der Meister. Für die Gnostiker war er ein Gnostiker par excellence. Für die Anhänger war er der Herr. Für die Jünger war er der unfehlbare Führer. 'Treffe die Ebenen' ('Meet levels') steht für eine Ausrichtung, wobei man den anderen auf seiner Ebene trifft. Versteht Uranus daher nicht falsch. Er beabsichtigt, der viel gepriesenen Energie der Liebe den Weg zu bahnen und die häufig missbrauchte Energie der Macht zu beseitigen. Die Liebe gewinnt über alles – sogar über die Macht. Liebe ist das Gegenmittel der Macht. Dies ist der Weg von Uranus, um das Gesetz der Liebe zu errichten. In der Tat ist dies eine originelle Herangehensweise.

Selbst ein Kind will keinen Befehl von euch entgegennehmen. Gebt ihm Informationen und ermöglicht ihm, selbst eine Entscheidung zu treffen. Wenn das Kind sich nicht entscheiden möchte, wird es auch nicht folgen, ob das für einen selbst nachvollziehbar ist oder nicht. Bringt man seine Autorität ins Spiel, reagiert das Kind stur. Dies ist ein Aspekt von Uranus. Euer Kind ist nicht wirklich euer Kind. Unsere Vorfahren kommen als unsere Kinder zurück. Als Kinder besaßen wir im Vergleich zu den Älteren bereits mehr Erfahrung. Der biologische Maßstab genügt nicht, um festzustellen, wer älter oder jünger ist. Wer ist das Kind und wer der Erwachsene? Alle sind Seelen, die sich gemeinsam fortentwickeln und je nach Notwendigkeit die Körper wechseln. Nur weil sich jemand im Körper eines Kindes befindet, kann man nicht davon ausgehen, dass er ein Kind ist. Das Kind könnte euer Großvater sein! Dieses Verständnis wird sich immer weiter durchsetzen. Man muss jeden auf seiner Ebene treffen – auf der Seelenebene. Weil jeder als Seele ein Original ist, kann das Äußere allein nicht über das Ältersein oder Jüngersein entscheiden. Entscheidend ist die Entwicklungsstufe der Seele. Daher besteht zwischen Gleichgesinnten die Bruderschaft der Seele mit jüngeren und älteren Brüdern. Alle sind Söhne derselben Eltern.

Schüler, die nicht auf die Lehrer in der Schule hören, oder Kinder, die nicht auf ihre Eltern hören, sind eine Herausforderung, die von Uranus präsentiert wird. Um mit ihnen zu kommunizieren, gilt es, etwas zu lernen. Nicht alle Lehrer oder Eltern sind hinlänglich ausgebildet, um mit den Kindern zu kommunizieren. Aus Unwissenheit versuchen sie, ihnen etwas aufzuerlegen. Ihre Autorität greift nicht und wird in der Zukunft erst recht nicht fruchten. Keiner untersteht dem anderen, noch ist er in diesem Zeitalter willens, sich dem anderen unterzuordnen. Stellt euch die Zeit vor, als es noch Herren und Sklaven gab. Es zeugt von einem niederen menschlichen Gewahrsein. In einem fortgeschrittenen Stadium des menschlichen Gewahrseins wird der andere gleichermaßen respektiert. Ihr seht, wie ein Meister der Weisheit seine Schüler respektiert. Ein Meister der Weisheit schränkt die Freiheit seiner Schüler niemals ein. Entsprechend der Ausrichtung des Schülers kommuniziert er. Er informiert. Er beeinflusst nicht. Er überlässt es dem Schüler, ob er beeinflusst wird oder nicht.

Es gibt keine Auflagen. Eltern und Lehrer würden gut daran tun zu lernen, wie sie mit den Jüngeren arbeiten können. Heute leiden viele Lehrer an Furcht und Depression, weil sie mit den Kindern in der Schule nicht mehr zurechtkommen. Nicht anders ergeht es den Eltern zuhause, die der Auflehnung ihrer Kinder absolut hilflos gegenüberstehen. Der Schlüssel ist Liebe und Freundlichkeit, nicht Autorität. Respektiert das Original im anderen und verhaltet euch ihm gegenüber freundlich und liebevoll.

Lasst die Selbstherrschaft regieren, die auf dem eigenen Verständnis und der eigenen Entscheidung beruht. Entscheidet nicht für andere! Helft ihnen bei einer Entscheidung, wenn sie eure Hilfe ersuchen. Über das Leben anderer zu entscheiden ist Aggression. Anderen zu helfen, wenn sie im Rahmen einer Entscheidungsfindung danach fragen, ist erlaubt. Aber wenn man für andere entscheidet, ohne sich abzustimmen, bedeutet das, seine Nase in die Angelegenheit anderer Leute zu stecken. Die Erfahrung lehrt uns, dass man sich dabei eine blutige Nase holt. Andere bei einer Entscheidung zu unterstützen, bedeutet, den Entfaltungsprozess des Originals zu fördern. Zwang schadet der Originalität. Verhalte dich wie ein Gärtner gegenüber einer Blüte oder Frucht und leiste die notwendige Hilfestellung, ohne die Pflanze selbst zu manipulieren.

Die Mittelmäßigen brauchen Hilfestellung. Sie benötigen Anleitung, um eigenständig und unabhängig zu werden. Sie sind wie Menschen, die nur mithilfe von Krücken gehen können. Genauso wie ihr einem Freund mit gebrochenem Bein helft, langsam wieder ohne Krücken zu laufen, solltet ihr euren Mitmenschen helfen, unabhängig und selbstständig zu werden. Dies könnte ein Dienstbereich in unserer heutigen Zeit sein, dem Bild des Gärtners entsprechend, sozusagen als Seelengärtner. Überlasse die Mittelmäßigen nicht dem Schicksal – dies wäre eine große Unterlassungssünde, die selbst von Dienenden unbewusst begangen wird. Die Welt braucht originelle Denker, keine Menschen, die nicht denken und nur andere nachahmen. Es gibt viele menschliche Schafe, aber nur wenige Hirten. Uranus möchte Hirten heranziehen. Jeder Lehrer hat die Pflicht, seinem Schüler so viel Wissen zu vermitteln, damit dieser ihm ebenbürtig wird. Er kann sich nicht mit einer wachsenden Anzahl von Jüngern begnügen. Der Meister des Wassermannzeitalters, Meister *CVV*, sagte: „Wer mir folgt, wird transformiert wie ich. Ich bin *Brahman*. Auch du bist *Brahman*. Ich werde dir helfen, dies zu erkennen." Lehrer, die stolz auf die Anzahl ihrer Schüler sind, werden allmählich durch Lehrer abgelöst, die Schüler in Lehrer verwandeln. Heiler, die umso glücklicher und zufriedener werden, je mehr die Anzahl ihrer Patienten steigt, sind keine Heiler. Heiler, die ihre Patienten selbst zu Heilern ausbilden, sind die Heiler des neuen Zeitalters. Meister *EK* ist ein solcher Lehrer und Heiler des neuen Zeitalters.

Die Wahrheit findet man nicht auf ausgetretenen Pfaden. Der ausgetretene Pfad ist nur bis zu einem bestimmten Punkt hilfreich. Danach muss man den Pfad selbst neu finden, um zur Wahrheit zu gelangen. Alle Pfade zur Wahrheit führen euch an einen Punkt, an dem der nächste Punkt zur Wahrheit neu gefunden werden muss. Ähnlich geben die Eltern oder Lehrer in der Gesellschaft den ausgetretenen Pfad bis zu einem bestimmten Punkt vor, dann hat der Mensch seinen eigenen Weg ins Leben zu finden. Das Leben ist kein ausgetretener Pfad, dem man folgt. Ebenso verhält es sich mit der Wahrheit. Ab einem bestimmten Punkt muss man selbst erfinderisch werden. Erfinderisch heißt, tief in sich selbst zu verweilen und sein eigenes Wesen aus der Tiefe hervorzubringen. Je tiefer man in sich hineingeht, desto mehr kann man eigene kreative Gedanken hervorbringen, die der Weiterentwicklung dienen. Bei den Freimaurern heißt es in den höheren Einweihungsgraden: „Ein Freimaurer muss selbst die Werkzeuge des Freimaurertums zerbrechen." Ein erfinderisches Wesen bringt Kreativität hervor. Kreativität ermöglicht letztendlich die Entfaltung der Originalität. Die Entfaltung der Originalität führt zur Erfüllung des Lebensziels, und eine solche Entfaltung des Lebenszieles führt zur Erfüllung der Wahrheit von innen heraus. Uranus hebt daher die Bedeutung der Originalität hervor, um das Reich der Seele aus den Urtiefen der eigenen Persönlichkeit zu bergen.

Im Osten gibt es einen großen Lerntempel für Kampfkünste. Er wird der Shaolin Tempel genannt. Der Tempel unterrichtet Kampfkünste in

35 Graden. Jeder einzelne Grad erfordert feurige Aspiration, zielgerichtete Ausrichtung, Konzentration und eine sehr hohe körperliche, emotionale und mentale Disziplin. Nur ein Prozent der Schüler erreicht den nächsten Grad in einem Jahr. Sehr selten erreicht ein Schüler den 35. Grad der Kampfkunst. Wer dies erreicht, ist wirklich etwas Besonderes. In 25 Jahren geht nur einer erfolgreich aus allen 35 Graden, die die 35 Kammern genannt werden, hervor. Er wird dann vom Tempel (Schule) geehrt und in die Welt hinaus gesandt mit dem Versprechen, dass er der Gesellschaft dienen und sie beschützen möge. Ein solcher Mensch wird als unbesiegbar betrachtet.

Einmal überwand ein junger Mann mit tiefer Hingabe alle 35 Kammern und wurde vom Abt zu seiner Fähigkeit und Leistung beglückwünscht. Alle Mitschüler wünschten ihm viel Glück. Von seiner Unbesiegbarkeit überzeugt, begann er zu dienen und die Gesellschaft zu beschützen. Von der Gesellschaft wurde er auch wegen seiner Kampfkunst geehrt.

Eines Tages begegnete der junge Mann einem anderen Adepten der Kampfkünste und maß sich im Kampf. Der Kampf dauerte lange, bis der Fremde ihn schließlich besiegte. Der junge Mann war überrascht. Er ging im Geiste alle Unterrichtseinheiten im Tempel durch. In allen 35 Graden war er vollkommen gewesen. Man hatte ihn für unbesiegbar erklärt – jedoch, er war besiegt worden. Er ging zum Tempel zurück, kniete vor seinem Abt nieder, berichtete ihm von der Niederlage, die ihm ein Fremder zugefügt hatte, und bat den Tempelvorsteher um eine Erklärung.

Der Tempelvorsteher lächelte und sagte, dass der Fremde auch ein Mitglied des Tempels war, ein Schüler des Tempels, der durch alle 35 Kammern gegangen war. Der Schüler fragte: „Wenn dem so ist, sollten wir ebenbürtig sein. Wie konnte er dann gewinnen und ich verlieren?" Der Vorsteher lächelte wieder und sagte: „Es gibt eine 36. Kammer, die sich nicht im Tempel, sondern in der Natur befindet. Nachdem dein älterer Bruder alles beherrschte, was man ihm beigebracht hatte, entdeckte er eine weitere Kunst, die du nicht entwickelt hast. Er fand sie, als er in der Natur arbeitete. Die 36. Kammer ist die Natur. Gehe hinaus in die Natur und erfinde etwas Eigenes. Deine Erfindung kommt aus deiner Ursprünglichkeit heraus. Als Original ist jeder von uns einzigartig. Auch du wirst unbesiegbar, wenn du etwas aus deinem eigenen Ursprung erfindest."

Dies ist die Wahrheit. Der Pfad zur Wahrheit führt keinen an die Schwelle der Wahrheit, sondern nur an einen bestimmten Punkt. Danach muss man selbst erfinderisch werden. Diese Erfindung muss tief in einem selbst liegen, bis man den Ursprung seines eigenen Wesens berührt. Sobald man den Ursprung berührt hat, drückt sich die Wahrheit neu und ursprünglich aus. All jene, die die Wahrheit realisiert haben, haben die Wahrheit neu erkannt und dargestellt. Ihre Erkenntnisweise kann für andere ein Pfad sein, dem sie folgen können. Aber der Pfad führt einen nicht zur Wahrheit, solange man selbst nicht erfinderisch geworden ist. Erfindung ist der Weg, um das Original 'hervorquellen zu lassen'. Uranus fördert Einfallsreichtum. Sobald man zum Original wird, wird man einzigartig.

Die von Uranus gelehrte Originalität gestattet nicht, dass sich Muster um die Originalität herum bilden. Muster werden entsprechend der Zeit und dem Ort je nach Notwendigkeit entwickelt. Aber sie sollten nicht kristallisieren. Selbst hochintelligente Menschen unterliegen Mustern, die sie besiegbar machen. Wer jedoch über den Mustern steht, kann nicht von ihnen besiegt werden, weil man davon nicht begrenzt wird. Lord *Krishna* ist das beste Beispiel dafür: er ließ keine Muster um sich herum entstehen. Seine Handlungen waren sehr spontan; keiner konnte vorhersehen, wie er in einer bestimmten Situation reagieren würde. Er ließ sich nicht auf Wahrscheinlichkeiten festlegen. Selbst große Eingeweihte konnten ihn nicht einschätzen, da er es nicht zuließ, dass sich Muster oder sogar eine pyramidenförmige Hierarchie wie im Vatikan um ihn herum bildeten. Vom Geringsten bis zum Höchsten ließ er sich nicht einordnen. Ich erzähle euch eine Geschichte aus *Krishnas* Leben, die ihr vielleicht schon kennt:

Krishna befand sich im Krieg und sagte: „Ich werde im Krieg sein, aber nicht kämpfen." Was soll das heißen? Habt ihr jemals von einem Krieger gehört, der im Krieg war und keine Waffe trug? Wozu ist man im Krieg, wenn man nicht kämpft? Habt ihr jemals so etwas gehört?

In beiden Armeen waren zahlreiche große Krieger versammelt. Sie trugen himmlische Waffen bei sich und waren weltweit für ihre Fähigkeiten berühmt. *Krishna* war ihnen in keiner Hinsicht unterlegen. Er kämpfte selbst in solchen Momenten, in denen keiner kämpfen konnte. Im letzten Krieg jedoch sagte er: „Ich werde im Krieg sein, aber nicht kämpfen." Das ist so, als würde ein Fußballspiel zwischen Argentinien und Brasilien stattfinden und ein Spieler der argentinischen Mannschaft sagt: „Ich bin im Team, werde aber nicht spielen." Könnt ihr euch vorstellen, dass einer der elf Spieler sagt, er wird teilnehmen, aber nicht mitspielen?

Der Krieg sollte gerade beginnen. In der gegnerischen Armee befand sich ein hochintelligenter Mann. Er rief seine Anführer zusammen und sprach: „Wir können diesen Krieg nicht gewinnen, selbst wenn wir über himmlische Waffen und unbesiegbare Kämpfer verfügen." Die Anführer waren überrascht und fragten: „Warum können wir nicht siegen, wenn uns alle himmlischen Mächte und großen unbesiegbaren Krieger zur Seite stehen?" Der hochintelligente Mann entgegnete: „Eure Waffen sind keine

Waffen. Jede Armee weiß, was sie beim anderen erwartet. Sie sind auf unsere Waffen vorbereitet und somit auch auf den Krieg. Auch wir sind auf ihre Waffen eingestellt, weil wir ihre Waffen kennen. Aber es gelingt mir nicht, eine Waffe auf der anderen Seite zu erkennen, die dem Anschein nach keine Waffe ist. Es scheint die einzige Waffe zu sein, die den Krieg für sie entscheiden wird." Daraufhin fragten die Anführer: „Was ist das für eine Waffe?" Und der Mann antwortete: „Die Waffe ist *Krishna*. Er sagt, er würde nicht kämpfen, aber am Krieg teilnehmen. Warum sollte er im Krieg sein, wenn er nicht kämpft? Das beunruhigt mich. Können wir das Rätsel nicht lösen, haben wir verloren, und der Sieg geht an die anderen. Er ist die größte Waffe. Solange wir seine Muster nicht durchschauen, können wir diesen Krieg niemals gewinnen. Vergesst *Arjuna*, *Yudhiṣṭhira* oder *Bhima*; sie alle sind besiegbar, weil sie an bestimmte Verhaltensmuster gebunden sind. Ich weiß, wie sie in bestimmten Situationen reagieren. Wenn ich will, kann ich sie durch ihr eigenes Muster binden. Aber die Gefahr geht von dem Mann aus, der ohne Waffen in den Krieg zieht. Wir kennen seine Schachzüge nicht." Dieser hochintelligente Mann heißt *Sekuni* in der MAHÂBHÂRATA. Für *Sekuni* war das ganze Leben ein Spiel des Intellekts. Er hielt den blinden König, dessen Sohn und die Mitglieder des königlichen Hofes aufgrund ihrer Muster gefangen. Davor hatte er auch *Yudhiṣthira* und seine Brüder durch *Yudhiṣthiras* Muster gebunden. Bei dem Versuch, *Krishnas* Muster zu durchschauen, war auch er vollkommen ratlos. Indem er andere durch ihre Muster band, entwickelte er selbst unbewusst ein Muster um sich herum, auf das ihn *Krishna* letztendlich festlegen konnte.

Kennt man die Muster des anderen, kann man ihn festlegen. Einen Bücherwurm – d. h. jemand, der ständig von Büchern umgeben ist – kann man mit Büchern kaufen. Wenn jemand gerne isst, kann man ihn mit Essen kaufen. Jeder hat ein Muster, aus dem er nicht heraus kommt. Die einen werden von Geld angezogen, die anderen von Macht, wieder andere durch Lob oder durch das andere Geschlecht. Je nach Muster lassen sie sich festlegen.

Darin bestand die große Intelligenz von *Sekuni*, die die Intelligenz von *Krishna* jedoch nicht festlegen konnte, da *Krishna* zu allen Zeiten das Original blieb. Muster manifestieren sich hier und da je nach dem Ereignis. *Krishna* folgte keinen Mustern. Es war unmöglich zu wissen, wie er reagieren würde. Letztendlich verstand *Sekuni*, dass sich das beste Muster nicht durch ein Muster festlegen lässt. Als er dies verstand, war seine Armee geschlagen. *Sekuni* erkannte, dass *Krishna* das Original ist und das Original über allen Mustern steht. Das Original, das an Muster gebunden ist, ist der sekundäre Zustand des ursprünglichen Originals.

Originell zu sein heißt, romantisch zu sein. Denkt nicht, dass Romantik sich auf die körperliche Liebe bezieht. Wenn ein Mann und eine Frau sich romantisch voneinander angezogen fühlen, geht es gewiss um Romantik, aber auch hier darf es keine Nachahmung sein. Sonst wäre es nur ein armseliges Verlangen. Wenn ihr originell seid, dann seid ihr bereits romantisch. Nicht im Sinne der Lust, sondern im Sinne der Energie. Man empfindet euch als einen interessanten Menschen, den man gerne beobachtet, eine bezaubernde Person, mit der man gerne in Kontakt steht, weil die Menschen in eurer Umgebung euch als geheimnisvoll wahrnehmen. Sie bleiben im Unklaren, ihre Erwartungen werden nicht erfüllt. Sie kennen einen und kennen einen doch nicht. Dieser unbekannte Teil in euch wirkt faszinierend, interessant und bezaubernd. Ihr seid anziehend, wobei es sich hier nicht um eine sexuelle Anziehungskraft handelt, sondern eurer Originalität entspringt. Die Menschen fühlen sich magnetisch von euch angezogen. Diese Anziehungskraft ist unabhängig vom jeweiligen Geschlecht; es spielt keine Rolle, ob Mann oder Frau. Sie bezieht sich nicht auf den männlichen oder weiblichen Aspekt in euch, sondern auf das unbekannte, geheimnisvolle Original in euch. In diesem Zustand der reinen Originalität des Seins ist das Leben im wahrsten Sinn romantisch. Andere Menschen befassen sich mit euch und versuchen, euch zu ergründen.

Ein origineller, ursprünglicher Mensch wirkt sehr lebendig, da er alle Facetten seines Lebens auslebt. Er wirkt beseelend und belebend auf andere durch sein bloßes Sein. Diese Dinge geschehen, wenn man originell ist. Das Originelle wirkt immer bezaubernd und anziehend. Ein origineller Musiker, der vollkommen neue musikalische Formen erschafft, ist einfach inspirierend. Viele Menschen mögen seine Melodie später aufgreifen und nachsingen. Aber derjenige, der diese Melodie zum ersten Mal in seinem Inneren vernommen hat, lebt sie, verspürt die Freude und kostet die Essenz. Es lässt sich nicht vergleichen mit dem Gefühl, das ein anderer beim Nachsingen der Melodie empfindet. Ähnlich ergeht es dem Dichter, dem Künstler und anderen Pionieren.

Originell, einzigartig, ungewöhnlich, bezaubernd, romantisch, unberechenbar und unerwartet – all dies sind Qualitäten von Uranus. Es setzt voraus, dass man bereit ist, ein gewaltiges Abenteuer mit sich selbst einzugehen. Dies ist das Zeitalter des Abenteuers. Um ein Abenteurer zu sein, sollte man wagen. Wagen kommt von Wagemut. Der Wagemutige überwindet die Angst vor der Dunkelheit und steht im Licht. Ausgetretene Pfade spiegeln nicht die Frische des Lichts. „Sei normal! Sei originell! Sei einfach! Sei spirituell!" Sein ist gleichbedeutend mit Originalität. Es ist unser ursprünglicher Zustand des Seins – stabil, unveränderlich und ewig. Es ist das Fundament in Bezug zu Dir selbst und dem Universum.

14. Uranus und das Elektron

Wir leben heute im elektronischen Zeitalter und verdanken viel der Wissenschaft, die durch ihre Bemühung um ein Verständnis des Atoms und dessen innere Vorgänge erst maßgebliche Fortschritte ermöglichte. Dadurch eröffnet sich ein neues Zeitalter, in dem sich die Wissenschaft und die alte Weisheit gemäß einer Weissagung des 19. Jahrhunderts wieder annähern. Da das Wassermannzeitalter ein wissenschaftliches Zeitalter ist und Uranus für den Wissenschaftler steht, wird die Wissenschaft viel mehr Geheimnisse der Materie enthüllen, damit sie in das Reich des Geistes aufsteigen kann.

Geist und Materie sind nur zwei polare Gegensätze der einen Essenz, die gleichzeitig positiv und negativ ist. Diese Essenz wird in den Schriften als männlich-weiblich beschrieben. Gott als männlich-weiblich ist das Höchste in der Schöpfung und von zweifacher Natur. Jenseits der Schöpfung wird er in den Schriften als Es und Das bezeichnet. Er ist weder männlich noch weiblich. Die Weisheit spricht niemals von Gott als männlich oder weiblich, da der absolute Gott weder männlich noch weiblich ist. Gott in der Schöpfung ist gleichzeitig männlich und weiblich. Wenn man sich auf einen männlichen Gott bezieht, ist das unzureichend. Meister *CVV* liebte Wortspiele im Englischen und sagte: „Wir können uns kaum auf Gott als 'she' beziehen, denn 'he' ist in 'she' enthalten." Oder er führte aus, dass 'Adam' in 'Madam' und 'man' in 'woman' enthalten ist. Bei aller Wortspielerei sollten wir nicht vergessen, dass Gott jenseits der Schöpfung weder männlich noch weiblich ist. Er ist unvorstellbar, unaussprechlich. Die *Veda* sagt, dass der absolute Gott als DAS oder Es bezeichnet werden kann.

Gott in der Schöpfung ist männlich und weiblich zugleich. Im Laufe der Zeit entwickeln sich zwei Polaritäten gemäß der Theorie von der Zelle und ihrer Entwicklung. Im bipolaren System entwickelt sich das männlich-weibliche schließlich zum positiven und negativen Pol. Tritt das Negative aus dem Zentrum hervor, wird das Zentrum automatisch positiv. Bevor es sich zum positiven Pol entwickelte, war es nur das Zentrum. Auf diese Weise kommt *Šakti* aus *Šiva* hervor und bewegt sich weiter. *Šiva*, die neutrale Energie, wird in Bezug auf die hervortretende weiblich/negative Energie positiv. Die negative Energie ist empfänglich. Sie empfängt vom positiven Pol und bildet mit ihren eigenen Qualitäten – Wille, Wissen und Aktivität – die nachfolgenden Stadien der Materie von der Wurzelmaterie zur dicht-physischen Materie. Auf diese Weise ist *Šakti* eine hinausgehende Energie, die in die Involution geht und im involutionären Prozess die nachfolgenden Zustände von der Wurzelmaterie bis zum dicht-physischen Zustand erschafft. *Šakti* wirkt als weibliche/negative/empfängliche Energie, wobei sie ihre Eigenschaften aus dem neutralen Punkt bezieht, der positiv wurde, stabil bleibt und die Arbeit von *Šakti* auf allen Ebenen unterstützt.

Im Menschen befindet sich das Zentrum von *Šiva* am Scheitelpunkt, d. h. im *Sahasrâra*. Dies ist der positive Pol. Das Zentrum von *Šakti* ist das *Mûlâdhâra*, der negative Pol. Dies wird als Herabstieg der *Kundalinî*-Energie bezeichnet, symbolisiert durch die schlangenförmige Energie. Auch die Bibel spricht vom Herabstieg der Schlange vom Baum der Erkenntnis, was fälschlicherweise als Satan interpretiert wurde. In

Wahrheit handelt es sich um den involutionären Prozess von *Šakti*. Nachdem *Šakti* aus dem Zentrum hervorgekommen und herabgestiegen ist, erreicht sie einen Punkt, an dem sie wieder zurückkehren möchte aufgrund der innewohnenden Anziehungskraft zum Zentrum, das das positive Zentrum genannt wird. *Kundalinî-Yoga* spricht vom Aufstieg der *Kundalinî*-Energie zurück zum *Sahasrâra*, so dass *Šakti* wieder mit *Šiva* vereint ist. In diesem Zustand sind sie androgyn als männlich-weiblicher Gott. Sie sind weder männlich noch weiblich, sondern männlich-weiblich. Beachtet diese Unterscheidung. Wenn wir „männlich und weiblich" sagen, heißt das, dass sie Zwei sind; wenn wir „männlich-weiblich" sagen, bedeutet es, dass Zwei in Einem und Eins in Zwei sind. Dies ist der evolutionäre Prozess.

Von der oben angeführten Beschreibung können wir zusammenfassen, dass es Eins ist, das zur Zwei wird, um die Manifestation zu bewirken. Das Zentrum ist dadurch bipolar. Mit dem Zentrum in der Mitte entwickelt sich die Bipolarität zum ersten Dreieck.

Auf dem Hintergrund dieser Grundlagen können wir nun versuchen, die wissenschaftliche Betrachtung des Atoms zu verstehen. Im Atom fanden die Wissenschaftler ein Neutron, ein Proton und ein Elektron. Das Neutron kann als das Zentrum angesehen werden, aus dem die Energie hervorkommt und um das Zentrum kreist. Dies ist das Elektron. Wenn das Elektron hervortritt, wird das Neutron zum Proton, um ein Gegengewicht zur Aktivität des Elektrons herzustellen. Die Energie des Protons wird positive Energie genannt. Die Energie des Elektrons wird als negativ hinausgehende Energie betrachtet. Erkennt die Parallelen zwischen der Wissenschaft der alten Schriften und der Naturwissenschaft des 20. Jahrhunderts. Beide haben das gleichzeitige Auftreten des bipolaren Systems beobachtet, das sich gegenseitig unterstützt. Um genauer zu sein, wird die Aktivität des negativen Pols durch den stabilen positiven Pol unterstützt. Die positive Energie ist stabil, die negative Energie ist immer in Bewegung.

Das oben erläuterte männlich-weibliche System entspricht in weiten Teilen dem Prinzip von *Mitra, Varuna* und *Âryama*. *Mitra* ist die positive, stabile, ruhende Energie. Sie ist der Inhalt, wie bereits zuvor erläutert wurde. *Varuna* ist die dynamische Energie, die alles mit unermesslicher Geschwindigkeit durchdringt. Sie stellt die Gefäße bereit, in denen sich der Inhalt in verschiedenen Zuständen aufhalten kann. *Mitra* ist männlich, *Varuna* ist weiblich. *Mitra* regiert den Osten, *Varuna* regiert den Westen. Der Osten steht symbolisch für den Geist, der Westen für die Materie. Beide werden durch *Âryama* ausgeglichen. Diese drei bilden die supra-kosmischen Wesen der *Veda*, die wir regelmäßig, wenn auch meistens unbewusst, anrufen.

Aus der vereinfachten Darstellung – vereinfacht aus Gründen der Kürze und des leichteren Verständnisses – geht hervor, dass es eine essentielle Einheit gibt, die zwei Pole hervorbringt. Dies ist der ursprüngliche Zustand der Einheit, die mit dem bipolaren System ein Dreieck bildet. In einfacher Form beinhaltet dies die Dreieinigkeit aller Religionen. Die Dreieinigkeit besteht aus der positiven, der negativen und der neutralen Energie. Man kann dazu auch Geist, Materie und Bewusstsein sagen. Der Geist wird auch *Âtmâ* genannt, Materie *Manas* und Bewusstsein *Buddhi*. In einem anderen System heißt es *Šiva*, *Brahmâ* und *Vishnu*, oder der Erste, Dritte und Zweite, oder auch elektrisches Feuer, Reibungsfeuer und solares Feuer. Was sich hinter all den Worten verbirgt ist die Dreiheit von Geist, Materie und ihrem Gleichgewichtszustand.

Beim Elektron sprechen wir grundsätzlich von der negativen Energie, die die Manifestation hervorbringt. Bei der Arbeit, die unmittelbar bevorsteht, geht es um die Manifestation des Reiches Gottes auf Erden. Es ist nicht so, dass die Materie sich im Geist auflöst. Es geht vielmehr darum, die Materie so umzuwandeln, dass sie die *buddhische* Ebene erreichen kann, auf der sich Geist und Materie verbinden. Das Elektron hilft bei solchen Manifestationen, da die Materie in den vierten ätherischen Zustand umgewandelt wird, der der *buddhischen* Ebene entspricht (Erde, Wasser und Feuer sind die primären, dichteren Stadien des Äthers). Auf der *buddhischen* Ebene sind Geist und Materie glücklich vereint. In gewisser Weise entspricht dies dem Herzzentrum. Die Materie steigt durch drei Zentren hinauf, um das vierte Zentrum des Herzens zu erreichen. Der Geist steigt drei Zentren hinab, um sich mit der ätherischen (geläuterten und umgewandelten) Materie zu verbinden. Auf diese

Weise tritt das Licht in Erscheinung. Dies ist die Vision der spirituellen Wissenschaftler. Beachtet, dass die gegenseitige Anziehung der positiven und negativen Elektrizität das bewirkt, dass sich die beiden treffen und das Licht hervorbringen. Das Aufeinandertreffen von Materie und Geist im Herzen bringt die Manifestation des solaren/elektrischen Feuers hervor

Die ABHANDLUNG ÜBER KOSMISCHES FEUER enthält diesbezüglich zahlreiche Hinweise.

Wir wollen nun einige Grundeigenschaften des Elektrons und jüngste Erkenntnisse näher betrachten und verstehen.

Der Wissenschaftler, der die Aktivität des Elektrons erkannte, prägte den Begriff Elektron im Jahr 1894. Das Elektron als Ladungseinheit in der Elektrochemie wurde 1874 von einem Wissenschaftler entdeckt. Beachtet, dass der erste Gedanke eines Elektrons 1874 aufkam und der Beginn des Wassermannzeitalters auf das Jahr 1875 datiert wird. Solche Ereignisse sind nicht zufällig. Als das Wassermannzeitalter begann, erreichte die Vorstellung von einem Elektron die intuitiven Ebenen eines Elektrochemikers, eines Iren namens Johnstone Stoney. Ihm verdanken wir den Empfang eines Impulses, der sich als Idee vom Elektron herausstellte. Da ihm dieser Gedanke gekommen war, arbeitete er daran weiter und prägte den Namen Elektron im Jahr 1894.

Später wurde die Entdeckung des Elektrons einem britischen Physiker namens Joseph John Thompson im Jahr 1906 zugeschrieben.

Das Elektron wird wissenschaftlich wie folgt definiert: Das Elektron ist grundsätzlich ein subatomares Teilchen, das negative elektrische Ladung in sich trägt. Es ist ein Lepton, das an elektromagnetischen Interaktionen teilnimmt. Seine Masse beträgt ungefähr 1/1836 der Masse des Protons. Zusammen mit den Atomkernen, die aus Protonen und Neutronen bestehen, bilden die Elektronen Atome. Die Interaktion von Elektronen eines Atoms mit den Elektronen benachbarter Kerne bewirkt die chemische Bindung.

15. Metaphysik – Quantenphysik – Uranus

Metaphysik ist eine abstrakte Wissenschaft, deren Betrachtungsgegenstand der Namenlose, Formlose, der Unaussprechliche, der Eine jenseits aller Qualitäten, jenseits aller Erörterungen und jenseits allen Verstehens ist. Alles Verstehen geht aus ihm hervor. Er ist der Ursprung aller Qualitäten und Klänge – daher existieren all diese Namen. Alle Formen kommen aus ihm hervor. Er bildet die Grundlage von allem, was existiert. Das Kontemplieren über die reine Existenz, die in den Schriften als DAS bezeichnet wird, ist das wesentliche Merkmal des Wassermannzeitalters. Uranus unterstützt diese Kontemplation, da er auf allen Ebenen die Brücke zwischen dem Unbewussten und dem Bewussten bis hin zum Absoluten erbaut. Diese Brücke ist der 'Durchgang des Wassermanns'. In der *Veda* wird der absolute Gott als *Para Brahman* bezeichnet. In dieser Kontemplation geht das individuelle Bewusstsein schließlich im universalen Bewusstsein auf, und das universale Bewusstsein in seiner Quelle als Existenz. Auf diese Weise erreicht man den Allerhöchsten und wird eins mit ihm. Dies wird auch als Eins-Sein oder vollendete Harmonie bezeichnet. Uranus ist in der Lage, uns ein solches Geschenk anzubieten.

Im Osten wird die Kontemplation über den absoluten Gott als *Dhyâna* bezeichnet. Der absolute Gott heißt *Advaita*, was bedeutet: nicht zwei, sondern eins. Es ist der Zustand, in dem der Kontemplierende selbst in dem Gegenstand der Kontemplation aufgeht. Der achte Schritt des *Yoga, Samâdhi*, bezieht sich auf diesen Zustand der absoluten Existenz. Viele Konzepte von Gott werden als Gott verehrt, aber sie bleiben Konzepte. Da sie jedoch Konzepte von Gott sind, schenken sie uns die Gotteserfahrung. Um im DAS aufzugehen, müssen wir die Konzepte hinter uns lassen. Konzepte sind ein Weg, aber nicht das Ziel. Wenn wir Gott erfahren, gibt es uns, Gott und die Erfahrung, nicht wahr? Jede Erfahrung bedingt drei Elemente: derjenige, der eine Erfahrung macht, das, was erfahren wird, und den Prozess des Erfahrens. Die Erfahrung von Gott ist nachrangig im Vergleich mit dem Zustand des Eins-Seins. Wenn die drei im Einen aufgehen, existiert die reine Existenz, in der der

Erfahrende aufgeht. Dieser Durchgang von drei in eins entspricht dem Wassermann-Durchgang. Vom individuellen Sein geht man durch *Dhyâna* (Meditation) hindurch, um zum absoluten Sein zu gelangen. Sobald das Sein absolut ist, hört das individuelle Sein auf zu existieren. Ist das Sein individuell, besteht keine vollkommene Harmonie. Versteht daher, dass Erfahrung nur im Zustand der Dualität existiert. Im absoluten Sein gibt es keine Erfahrung. Der Erfahrende verschmilzt mit seiner Erfahrung. In den fortgeschrittenen Stadien der Meditation hört der Meditierende auf zu existieren, nur das Sein ist vorherrschend. Nach einiger Zeit taucht der Meditierende wieder aus dem Zustand des Seins auf. Als Individuum hört er eine gewisse Zeit auf zu sein. Dies entspricht dem Zustand des *Samâdhi*. Das Sein wird wieder erlangt, sobald er aus dem *Samâdhi* Zustand hervortritt. Der fortgeschrittene Meditierende macht dadurch die Erfahrung von 'Sein und Nicht-Sein'. Viele verweilen lieber im zweiten Zustand, um sich an der Erfahrung zu erfreuen. Andere ziehen es vor, mit DAS zu verschmelzen. Wiederum andere, die zu DAS wurden, kehren zurück, um den Menschen zu helfen, den Zustand der vollkommenen Harmonie zu erlangen.

Ich gebe euch ein Beispiel aus der Musik. Wenn ihr Musik hört, gibt es euch als Zuhörer, den Musiker und die Musik. Wenn der Zuhörer der Musik aufmerksam lauscht und den Musiker betrachtet, entsteht in ihm das Bedürfnis, die Augen zu schließen. So wie er sich auf die Musik einlässt, entfaltet sich sein Hörsinn, intensiviert sich, und das Potenzial der anderen vier Sinne fließt ihm zu. Zunächst zieht sich der Sehsinn zurück und verstärkt das Hören der Musik. Dasselbe geschieht mit dem Geschmackssinn, dem Berührungssinn und dem Geruchssinn, so dass eine dreifache Intensivierung des Hörsinns erfolgt. Dadurch wird ein vollkommenes Zuhören möglich. Im achtfachen *Yoga*-Pfad bezeichnet man dieses vollkommen ausgerichtete Zuhören als *Dhâranâ*.

Im Zustand von *Dhâranâ* nimmt man den Musiker nicht wahr, da der Sehsinn im Hörsinn aufgeht. Es bleiben nur die Musik und der Zuhörer. Von drei Sinnen fällt zunächst einer weg und zwei existieren weiter – die Musik und der Zuhörer. Gibt sich der Zuhörer der Musik weiter mit ungeteilter Aufmerksamkeit hin, existieren nur er selbst und die Musik. Er ist auf die Musik ausgerichtet, und dieses Ausgerichtetsein wird *Dhyâna* oder Meditation genannt. Je mehr er sich auf die Musik ausrichtet, desto stärker wird er zur Musik hingezogen. Dies entspricht dem fortgeschrittenen Zustand von *Dhyâna*. In diesem Zustand gibt es nur ihn und die Musik, und er verschmilzt allmählich mit der Musik. Wenn er vollständig darin aufgeht, bleibt nur die Musik übrig. Er ist sich seiner selbst nicht mehr bewusst. Dies entspricht dem Zustand von *Samâdhi*. Es gibt nur die Musik. Der Zuhörer hört auf zu existieren, die Umgebung versinkt. Der Musiker ist bereits zuvor in den Hintergrund getreten. Was bleibt ist die Musik. Je mehr der Zuhörer sich in der Musik verliert, desto mehr entschwindet die Zeit. Nach einer Weile taucht der Zuhörer wieder auf und erinnert sich, dass er einer Musik zuhörte. Dann erinnert er sich wieder an die Musik und in der letzten Stufe an die Umgebung.

Dhâranâ, *Dhyâna* und *Samâdhi* gehören zu den fortgeschrittenen Stufen des achtfachen *Yoga*-Pfads. Zusammen werden sie als *Samyama* bezeichnet. Ein *Yogi* hält sich normalerweise im Bewusstseinsstadium von *Samyama* auf und wird daher *Samyami* genannt. Sie sind die Erlösten, die ihr Leben in den Dienst der Menschheit stellen.

Ihr habt vielleicht von Kobras gehört oder viele Geschichten gelesen, die von Kobras handeln. Kobras sind Abbilder des *Kundalinî-*Feuers und unterscheiden sich von Schlangen insofern, dass sie sich auch vertikal bewegen können. Man nennt sie *Nâgas*, 'die scheinbar Unbeweglichen'. *Ga* bedeutet Bewegung. *A-Ga* bedeutet Nicht-Bewegung. *Na-A-Ga* heißt: nicht Nicht-Bewegung. Es ist die höchste Form der Nicht-Bewegung in der Bewegung – ein Zustand des Nichttuns im Tun, und gleichzeitig auch ein Zustand des Tuns im Nichttun. Es ist das Stadium der *Nâsatya* (*Na-A-Satya*), der nicht unwahren Wesen. *Yogis* sind nicht unwahre Wesen. Ihr individuelles Sein ist wahr und gleichzeitig nicht wahr. Sie leben gleichzeitig im individuellen Sein und im universellen Sein. Daher nennt man sie auch *Nâgas*. Es gab Gemeinschaften von Menschen, die Nagas genannt wurden, in Nord- und Zentralindien, in der Nähe des Landes Israel sowie in Zentralamerika. In Nordindien spricht man auch vom Naga-Land. In Zentralindien gibt es heute noch eine Stadt namens Nagapur. Die Nagas des Landes Israel sind als Nazarener bekannt. Naza und Naga entspringen derselben Wurzel. Darüber hinaus gibt es die Mayas, die Schlangenverehrer, die in den östlichen Schriften als *Nâgas* auf der anderen Seite des Erdballs (*Pâtâla*) bezeichnet werden. In jenen Gemeinschaften lebten solche nicht-unwahren Wesen, von denen viele es vorzogen, im Körper einer Kobra zu leben. Kobras unterscheiden sich von anderen Schlangen. Sie verfügen über eine außerordentliche Wahrnehmung und besitzen ein unglaubliches Gedächtnis. Sie haben Flügel und können sogar fliegen. Kobras werden im Monat Skorpion verehrt. Noch heute wird es in Indien als glücksbringend betrachtet, wenn sich eine Kobra am Wohnort aufhält. Wenn man einer Kobra begegnet, so heißt es, verändert sich das Leben grundlegend.

In uns befindet sich die Kobra als *Kundalinî*-Schlange tief verborgen im *Mûlâdhâra*. Nicht zufällig liegt die Stadt Cancun am südlichsten Zipfel von Mexiko. Cancun bedeutet eine Grube oder Schale voller Schlangen. Das *Mûlâdhâra* kommt einer solchen Grube gleich. Die Gegend, in der sich die Stadt Cancun befindet, heißt Yucatan, was sehr ähnlich klingt wie *Yogasthân* – der Sitz des *Yoga*. Alle sieben Jahre wechselt die Kobra ihre äußere Hülle, zumeist unter einem Jasminstrauch. Ihre Hülle gilt als heilig und wird als Talisman verwendet. Wenn die Kobra ihre Hülle abstreift, ist sie sehr magnetisch und strahlend. Einige dieser Kobras tragen auf ihrer Haube Edelsteine. Dies sind nur einige Informationen über die Natur und Wesensmerkmale einer Kobra, die interessant für euch sein könnten.

Wenn ich auf *Yogis* zu sprechen komme, werde ich an Kobras erinnert. Eine Kobra verharrt gewöhnlich in einem tiefen Zustand der Meditation. Ein Schlangenbeschwörer kann durch seine vibrierende Musik Schlangen einfangen. Kobras haben nur ein einziges Organ für Sehen und Hören. Wenn sie hören, sehen sie nicht; und wenn sie sehen, hören sie nicht. Wenn die Musik spielt, sind sie so in die Musik vertieft und bemerken nicht, wenn sich ihnen ein Schlangenbeschwörer nähert, um sie einzufangen.

In einem bestimmten Stadium gilt für *Yogis* und Kobras gleichermaßen, dass 'Sehen gleich

Hören und Hören gleich Sehen' ist. Dies ist der Zustand, den wir praktizieren sollten: durch die Augen hören und durch die Ohren sehen. Es gibt nur ein Gewahrsein, das durch das Denken wirkt und sich in fünf Sinnesaktivitäten aufteilt. Versucht, die vier Kanäle zu vereinen und euch nur auf einen Kanal auszurichten. Dies ist ein tiefgreifender Aspekt der Meditation, aber für unser heutiges Thema nicht relevant. Diese Informationen mögen für euch von Nutzen sein, weil im gegenwärtigen Wassermannzeitalter ein solches Bewusstsein erreicht werden kann. Im menschlichen Denken gibt es eine Bewusstseinsebene, in der Farbe und Klang miteinander verschmelzen.*

Aufgrund des gegenwärtigen Zeitalters und der Energie von Uranus können wir diesen tiefen Zustand von *Samyama* erreichen.

Was jenseits der Vorstellungskraft existiert, nimmt die Form von Konzepten an. Was jenseits der Schöpfung ist, wird angerufen und von den kosmischen, solaren und planetarischen Intelligenzen für ihre schöpferische Tätigkeit be-

* Siehe SPIRITUELLE ASTROLOGIE von Ekkirala Krishnamacharya

nutzt. Alle Konzepte gründen im DAS. Es gibt Theologien, die Konzepte ablehnen. Die kosmischen, solaren und planetarischen Intelligenzen erbauen entsprechend der Zahl, dem Klang und der Farbe bestimmte Muster, in die DAS hinabsteigt. Jede Form besitzt eine eigene Zahlenpotenz, Klangschwingung und Farbgeschwindigkeit. Obgleich die Kosmische Existenz in die Muster und Formen hinabgestiegen ist, bleibt sie die reine Existenz. Durch die Gegenwart der Existenz funktionieren die Formen in ihrer Vielfalt. Die Elektrizität ist ein guter Vergleich dafür. Jedes Elektrogerät wird nach einem bestimmten Muster hergestellt. Der Bauplan einer Klimaanlage lässt sich nicht mit dem eines Fernsehers vergleichen. Der Entwurf für eine Glühlampe unterscheidet sich grundlegend von dem eines Verstärkers. Man könnte unzählige Beispiele nennen, da es, wie ihr wisst, unendlich viele Elektrogeräte gibt. Mit Hilfe der Elektrizität funktionieren sie entsprechend ihrem Bauplan, wobei dieser für die Elektrizität selbst nicht existiert. Ich denke, das ist nachvollziehbar für euch. Erst die Elektrizität verleiht den Formen Ausdruck entsprechend ihrer Potenz,

Schwingung und Farbe. Unsere Muster funktionieren nur durch unsere Gegenwart – aber wir sind nicht unsere Muster.

Die Gegenwart der einen Existenz ruft im Tiger das Muster des Tigers hervor. Ebenso verhält es sich mit den Mustern von Katzen, Hunden, Stieren, Pferden etc. Im Wesentlichen sind wir Existenz verbunden mit Bewusstsein. Unsere Gegenwart ist die Grundlage unserer Muster. Anstatt zu versuchen, eure Muster zu ändern, was viele Aspiranten versuchen, identifiziert euch einfach mit eurem Selbst anstelle eurer Muster. Dies ist der direkte Pfad von Uranus.

Leider stecken die Menschen tief in ihren Mustern fest, die Hand in Hand gehen mit Konzepten. Tatsächlich ist jeder Mensch ein Konzept – nicht mehr als ein Konzept. Wie er sich sieht, so ist er. Um sich in der Schöpfung zu bewegen, muss man in ein Konzept hinabsteigen. Es gibt das Konzept eines Kosmos, eines Sonnensystems, eines Planeten und so weiter. Wenn ihr auf einem bestimmten Gebiet arbeitet, müsst ihr euch diesem Konzept anpassen, um euch wohl zu fühlen. Sonst seid ihr im Konflikt. Bevor dieses Hotel gebaut wurde, gab es nur den

Raum. Nun sind bestimmte Konzepte vorhanden: es gibt ein Schwimmbad, Gästezimmer, einen Speisesaal, einen Konferenzraum, eine Küche usw. Wenn ihr in diesem Hotel absteigt, könnt ihr nicht im Schwimmbad schlafen, eine Konferenz in der Küche abhalten oder auf dem Altar kochen. Mit dem richtigen Verständnis können wir konfliktfrei Konzepte benutzen und Seligkeit erfahren. Wenn ihr sagt, es gibt nur den absoluten Gott und alles wurde von IHM erschaffen, dann könnt ihr den Einen Gott in allem erfahren. Gleichzeitig solltet ihr euch auch an das Muster anpassen, wenn ihr einem bestimmten Muster begegnet. DAS existiert in einer Katze und ebenso in einem Tiger. Allerdings solltet ihr euch einem Tiger gegenüber anders verhalten als gegenüber einer Katze. Obgleich beide denselben Ursprung haben, verhalten sie sich aufgrund ihrer unterschiedlichen Muster verschieden. ES ist eins und doch verschieden. ES existiert jenseits des Konzepts und gleichzeitig innerhalb des Konzepts. Diese Verbindung wird heute Synthese genannt.

Der alte Name für das Wort Synthese lautet *Samyama*. Für einen *Samyami* gibt es ein Konzept und gibt es wiederum nicht. Durch die Verneinung – „es gibt nicht" – kann er sich über das Konzept erheben, während die Bejahung – „es gibt" – ihm ermöglicht, durch Konzepte Erfahrungen zu sammeln. Wer sich über Konzepte erhebt, kann wundervolle Erfahrung machen; nicht aber derjenige, der sich darin verliert. Lehnt Konzepte daher weder ab, noch lasst euch davon binden. Konzepte sind Hilfsmittel, die uns nicht begrenzen sollten. Sie konditionieren jene, die nicht wissen, wer sie wirklich sind.

Sobald ihr euch definiert, reduziert ihr euch auf ein Konzept. Definiert euch nicht – wie es häufig geschieht – im Sinne von: ich bin ein Mann, ich bin Amerikaner, ich bin Europäer, ich bin Asiat, ich bin Arzt, ich bin Lehrer, ich bin Heiler, ich bin krank und so weiter. Erkennt die Wahrheit, die da heißt: „ICH BIN DAS. Entsprechend der Zeit und dem Ort werde ich dieses oder jenes, aber wahr ist, ICH BIN DAS". Für eine gewisse Zeit bin ich Lehrer, aber ich bin nicht immer Lehrer. Wenn ich reise, bin ich ein Reisender. Wenn ich einen Freund sehe, bin ich ein Freund. Besuche ich meine Eltern, bin ich ihr Sohn. Bin ich zusammen mit meinen

Kindern, bin ich ihr Vater. Entsprechend der Zeit und dem Ort übernimmt man eine Rolle mithilfe eines Konzepts, aber man füllt diese Rolle nicht zu jeder Zeit aus. Versucht daher nicht, euch festzulegen und auf ein Konzept zu reduzieren. Lasst eure Konzepte zurück und begegnet den Ereignissen entsprechend der Zeit und dem Ort. Erinnert euch daran: „ICH BIN DAS", und wahrhaftig, „DAS BIN ICH". „ICH BIN DAS ICH BIN" ist ein gängiges *Mantra*, aber es wird von denen, die es häufig benutzen, am wenigsten realisiert. Der Zustand des nicht unwahren Seins ist der wahre Zustand von Wassermann. Uranus ist der Lehrer, der uns dies gewährt, wenn wir offen genug dafür sind.

Im Spirituellen gibt es hochmütige Menschen, die Konzepte strikt ablehnen. Sie leben nicht in der Synthese. Ebenso gibt es spirituelle Menschen, die sich auf Konzepte beschränken. Auch sie leben nicht in der Synthese. Die Hochmütigen lehnen es ab, Bildnisse von Göttern zu verehren. Sie erkennen nicht, dass auch sie ein Abbild von DAS sind. Es gibt Menschen, die nur die Bilder von Göttern verehren und nicht darüber hinaus sehen. Auch sie erkennen nicht, dass sie mehr sind als ihre Form. Keiner von beiden lebt in der Synthese. Synthese heißt, den Formlosen in der Form wahrzunehmen, und die Form im Formlosen. Durch die Synthese kann man mit beiden Augen sehen. Töricht sind jene, die ein Auge schließen, obgleich sie zwei haben. Seht die Weisheit dieser Kämpfer, die sich nur für einen der beiden Aspekte des Einen einsetzen. Sie haben jahrhundertelang gekämpft und sich die Köpfe eingeschlagen. Sie können niemals die Wahrheit erfahren.

Jede Theologie ist fest in einem Konzept verankert. Aber Theo (Gott) steht über allen Konzepten. Ein Konzept ist ein Hilfsmittel, dem man nicht verhaftet bleiben sollte. Es sollte dazu dienen, ein bestimmtes Bewusstseinsstadium zu erreichen. Sobald man es erreicht hat, muss man das Konzept aufgeben. Wenn jemand einen Fluss überqueren möchte, benutzt er das Konzept eines Bootes. Trägt er das Boot auf dem Kopf mit sich herum, nachdem er den Fluss überquert hat, verursacht es entsetzliche Kopfschmerzen. Wann ein Konzept gültig ist und wann nicht, ist eine Frage der Intelligenz und Intuition. Wo sollte man eine Lehre anwenden? Wann sollte man sie anwenden? Und wie sollte man sie anwenden? Wann sollte man sie nicht anwenden? Wo und wie sollte man sie nicht anwenden? – Antworten darauf gibt der gesunde Menschenverstand, den Uranus so nachhaltig lehrt.

Nehmt an, ein Lehrer sagte einem Schüler: „Dankbarkeit ist eine göttliche Tugend. Vergiss nicht, wenn dir Hilfe zuteil wurde." Einige Zeit später sprach der Lehrer zu ihm: „Überquere den Fluss und treffe mich auf der anderen Seite." Also nahm der Schüler das Boot, überquerte den Fluss, und im falschen Augenblick, zur unpassenden Zeit, erinnerte er sich an die Lehre, dass er sich dankbar erweisen sollte. Er sah das Boot an, dachte an die Lehre und daran, dass er dankbar sein sollte – was also sollte er mit dem Boot machen? Er beschloss, es zu tragen, legte den Rest des Weges mit dem Boot auf dem Kopf zurück und suchte den Lehrer auf. Der Lehrer sah den Schüler mit dem Boot auf dem Kopf und fragte ihn: „Was soll das Boot auf deinem Kopf?" Der Schüler antwortete: „Du hast uns gelehrt, dass wir uns dankbar zeigen sollten gegenüber allem, was uns geholfen hat. Mit Hilfe dieses Bootes konnte ich den Fluss überqueren, also habe ich es aus Dankbarkeit auf dem Kopf getragen. Was soll ich nun damit machen?" Der Lehrer sagte: „Zerschlage es auf deinem Kopf." Somit ist der Lehrer befreit, der Schüler und auch das Boot.

Wenn jemand die Weisheitslehren unangemessen auslegt, ist er wie der Schüler, der das Boot auf seinem Kopf herumträgt. Man sollte wissen, in welchem Zusammenhang eine Lehre gegeben wurde, und intelligent genug sein, diese Lehre angemessen anzuwenden. Die Schüler sollten gesunden Menschenverstand besitzen und die Lehre unter Berücksichtigung des Zusammenhangs, in dem sie gegeben wurde, in geeigneter Weise benutzen.

Wisst ihr, dass in diesem Zeitzyklus *Šankarâchârya* der größte Lehrer von *Advaita* ist? In diesem Zeitzyklus heißt: nach Christi Geburt. Die Lehre von *Advaita* wurde in ihrer reinsten Form von *Šankarâchârya* gegeben, einem sehr hochrangigen Meister. Es ist äußerst interessant, über sein Leben, seine Werke und seine Lehre zu lesen. Er spricht vom absoluten Gott, der Einen Existenz und nichts Zweitem. Er lebte in vollkommener Synthese. Wenn man sagt, dass es nichts anderes gibt, gibt es auch keine Verehrung. Wenn es gilt: ICH BIN DAS – wen sollte ich dann verehren? Wen sollte ich verehren, wenn ich die Lehre der Einen Existenz verbreite und jene Existenz nichts anderes ist als Ich selbst! *Šankarâchârya* verfasste auch die meisten Verehrungshymnen, die es im Sanskrit gibt. Darin liegt die Synthese. Jenen, die sagten: „Wenn es nur den Einen gibt, wie kannst du ihn dann verehren als wäre er verschieden von dir?" gab er zur Antwort: „Führst du eine Verehrung aus, so bist du verschieden von DAS. Also ist es nicht mehr *Advaita*, es ist *Dvaita*. Das bedeutet Dualismus – ich bin auf der einen Seite, und Gott ist auf der anderen Seite. Meine Lehre jedoch besagt, dass es nichts gibt außer Gott. ICH BIN DAS, ich verehre DAS, und selbst die Verehrung ist DAS. Wenn du der Existenz von DAS gewahr bist, bist du in Liebe mit DAS verbunden. Manchmal gehst du auf in DAS, ein anderes Mal existierst du und gleichzeitig DAS. Wenn wir in der Schöpfung leben, befinden wir uns in der Dualität. Nicht nur die Dualität existiert, sondern auch eine unglaubliche Vielfalt. Doch selbst in der Vielfalt vergisst man niemals den EINEN. Und auf diese Weise erkennt man den EINEN in der Vielfalt der Schöpfung."

So lehrte er. Er wurde 30 Jahre alt und lehrte von seinem siebten Lebensjahr an. Er durchwanderte Indien drei Mal zu Fuß. Seine Lehre wird weithin befolgt, und bis heute gipfeln alle religiösen Praktiken in Indien in der Lehre *Šankarâchâryas*. Alle anderen Lehren sind Ableger davon. *Dvaita, Višishta Advaita*, alle *Yogas* und *Tantras* gehen in *Advaita* auf, der Einen Reinen Existenz.

Als *Šankarâchârya* und seine Jünger, die den Lehren von *Advaita* (Eine Existenz – keine zweite) folgten, einmal durch einen Wald wanderten, betrachteten sie alles, was ihnen im Wald begegnete, als DAS. Plötzlich näherte sich ein Tiger dieser Gruppe, und alle Jünger mitsamt dem Meister retteten sich auf einen Baum. Einer der Jünger schaute den Meister später fragend an und sagte: „Du hast gesagt, alles sei DAS, also ist auch der Tiger DAS. Warum bist du dann auf den Baum geklettert?" Der Meister antwortete: „Wärest du nicht auf den Baum geklettert, hättest du mir nicht diese Frage gestellt, und ich hätte dir nicht geantwortet. Es ist wahr, dass es nur Eine Existenz gibt. Im Tiger, in dir und in mir gibt es in Wahrheit nur die Existenz. Wenn uns der Tiger frisst, bleibt nur Eine Existenz zurück. Aber in der Welt herrschen Konzepte. Ich respektiere das Konzept des Tigers ebenso wie die Wahrheit der Einen Existenz. Wäre ich unten geblieben, hätte der Tiger nicht mich gefressen, sondern dich. Da du mir folgst, habe ich noch ein anderes Konzept: ich muss dich schützen, damit du auch diesen Teil der Lehre lernst. Sonst wirst du wiedergeboren, um den restlichen Teil zu lernen." Diese Geschichte ist typisch dafür, wie Weisheit falsch verstanden wird.

Es gibt noch eine weitere Geschichte. *Šrî Šankarâchârya* wanderte einmal von Dorf zu Dorf, um die Menschen dieser Dörfer zu segnen. Der Meister und seine Jünger wurden überall herzlich willkommen geheißen und erhielten ausgezeichnetes Essen und jeglichen Komfort. Nach einigen Monaten nahmen die Jünger durch das gute Essen, den Müßiggang und den Komfort zusehends an Gewicht zu, während der Meister gleich blieb. Er war so beweglich, aktiv und leicht in seinem Körper wie immer, während seine Jünger schwer und faul wurden und selbst während des Unterrichts und der Meditation einnickten (das kennt ihr ja auch). Ein intelligenter Haushälter beobachtete dies und fragte die Jünger, woher denn in letzter Zeit ihre runden Bäuche kämen – fast wie bei schwangeren Frauen. Er wollte auch wissen, wie sie solche Bäuche haben und dennoch *Yoga* machen konnten? Die Jünger antworteten stolz: „Wir folgen dem Meister und tun, was immer er tut. Wir essen, was uns angeboten wird, so wie er. Wir glauben, dass wir unserem Meister vollkommen folgen." Der Haushälter sagte: „Aber euer Körperumfang ist ganz anders als beim Meister. Eure Körper sind schwer im Gegensatz zum Körper des Meisters. Das Licht in seinem Kopf ist viel größer, und seine Aura schenkt uns eine erhabene Gegenwart." Die Jünger zogen ein düsteres Gesicht und schauten ernst drein. Der Mann aber wollte sie nicht weiter stören.

Beim Mittagessen reichte der Haushaltsvorstand zum Aperitif eine kleine Tasse mit flüssigem Quecksilber. Der Meister trank, als würde er Suppe aus einer Tasse trinken. Die Jünger taten ihm nicht gleich. Sie zögerten, da sie wussten, dass sie sterben würden, wenn sie diese

Flüssigkeit zu sich nehmen. Aber der Meister trank sie! Der Mann fragte die Jünger, warum sie nicht die Suppe trinken würden? Die Jünger antworteten: „Nein danke. Schon jetzt befinden wir uns im Schlamassel." Aber der Haushaltsvorstand bestand darauf. „Ihr habt gesagt, ihr würdet dem Meister folgen. Der Meister hat die Suppe getrunken, warum nicht ihr?" Die Jünger schwiegen. Folgt den Lehren des Meisters. Versucht nicht alles nachzuahmen, was er tut.

Seht, es wird von denen, die nicht wissen, so viel Kritik an der Verehrung Gottes geübt. Es ist reine Unwissenheit und Überheblichkeit – nichts anderes. Derjenige, der weiß, bringt alles zur Synthese in DAS. Er weiß, wie sich die Einzelteile in das Gesamtbild fügen. Wenn etwas nicht Teil des Ganzen ist, existiert es nicht. In der Schöpfung hat alles seinen Platz. Nichts existiert vergeblich, es muss nur mit Blick auf das Ganze betrachtet werden. Die Anbetung Gottes hat ihren Sinn, einen bedeutenden Sinn sogar.

Einmal besuchte eine Gruppe von Gnostikern den Vater von Meister *EK*, der damals noch ein Kind war. Meister *EK*s Vater war der Inbegriff *vedischer* Gelehrsamkeit. Aus allen Teilen Indiens kamen die Menschen zu ihm, um ihre Ansichten auszutauschen und einer Auslegung der *vedischen* Weisheitslehren beizuwohnen. Die Gruppe der Gnostiker kam von Brahmo Samaj. Mitglieder von Brahmo Samaj meditieren über *Brahmâ*, den absoluten Gott, und machen sich nichts aus Formen. Für sie sind alle Formen Illusion. Das Essen hingegen ist keine Illusion für sie. Wenn alles Illusion ist, dann sollte auch das Essen Illusion sein. Sie essen zwei- oder dreimal am Tag und sprechen dann über Illusionen! Ihre wesentliche Aufgabe bestand darin, den namenlosen, formlosen, farblosen Gott *Brahman* zu verkünden, was auch der Wahrheit entspricht. Sie wollen die Menschen, die die Götter anbeten, von ihrer Unwissenheit befreien. So begannen sie, den Menschen das Wissen von *Brahman* zu verkünden.

Sie kamen zu Meister *EK*s Vater und ergingen sich drei Stunden lang im Katechisieren. Anschließend waren die Anhänger von Brahmo Samaj hungrig. Meister *EK*s Vater sagte: „Ihr könnt meine Heimatstadt besichtigen, und in der Zwischenzeit bereite ich das Mittagessen für euch zu." Und Meister *EK* wurde von seinem

Vater gerufen, um den Besuch in die Stadt zu führen. Der Junge (Meister *EK*) tat wie ihm geheißen. Die Anhänger zogen den Jungen mit Gott auf und belehrten ihn, dass Gott überall sei, Gott sei allgegenwärtig, allmächtig etc. Unterdessen kamen sie an einem Tempel vorbei. Meister *EK* sagte: „Dies ist ein bedeutender Tempel unserer Stadt." Die Brahmo Samaj Mitglieder waren nicht bereit, den Tempel zu betreten, da ihre Lehre dem formlosen Gott gilt, nicht jedoch dem Gott in der Form, dessen Bild im Tempel verehrt wird. Sie wiesen den Vorschlag des Jungen, in den Tempel zu gehen, sanft zurück und sagten: „Das ist nicht notwendig. Gott ist überall. Warum sollten wir in den Tempel gehen, um Gott zu sehen?" Daraufhin antwortete der Junge schlagfertig: „Wenn Gott überall ist, warum sollte er dann nicht im Tempel sein. Existiert euer Gott nicht auch im Tempel?" Die Gruppe war schockiert. Sie hatten keine Antwort darauf! Als sie zum Haus zurückgekehrt waren, sagten sie zu Meister *EK*s Vater: „Dein Sohn ist sehr intelligent. Er wird es in seinem Leben zu etwas bringen. Er trägt einen guten Funken in sich."

Was jenseits der Form existiert, befindet sich auch in der Form. Man kann IHN nicht auf die Formlosigkeit begrenzen. Wer sind wir, um etwas einwenden zu können, dass Gott in einer Form existiert? Dies geschieht nur, wenn wir uns zu sehr an einem Konzept ausrichten. Überhebliche Konzepte von Gott sind von der Gegenwart Gottes weit entfernt. Einfache Konzepte sind weitaus nahe liegender. Gott ist die Wahrheit, und die Wahrheit ist einfach!

Die Menschen sind nicht willens, ihre Konzepte hinter sich zu lassen. Um sie aus dieser vertrackten Situation zu erlösen, kam Uranus ins Spiel. Uranus führt uns zur Synthese der Einen Existenz – mit oder ohne Form. Synthese schließt alles ein. Wenn etwas existiert, bedeutet das, dass es für die Existenz annehmbar ist. Seid euch bewusst, dass die Existenz selbst die Unwissenheit annehmen kann. Wie sonst könnten wir in der Existenz sein? Wissen und Unwissenheit, Licht und Dunkelheit, Wachstum und Verfall, Geburt und Tod geschehen auf dem Hintergrund der Existenz. Wenn einer etwas ablehnt, wird er von jenem Teil der Existenz ebenfalls abgelehnt. Wer bestimmte Aspekte der

Schöpfung ignoriert, der wird in demselben Maß von der Existenz ignoriert und zurückgewiesen, währenddessen sie ihm mitfühlend gestattet zu existieren.

Die Lehre der Synthese besagt: „Weise nicht zurück, lerne zu akzeptieren. Schließe nicht aus, sondern sieh zu, wie du am besten einschließen kannst." Jede Verneinung steht der Synthese entgegen.

In der Schöpfung gibt es nichts Sinnloses – eher Dinge, die sinnlos verschwendet werden. Die Unwissenheit ist umso größer, je mehr man Dinge oder Menschen als unbrauchbar betrachtet. Ebenso gibt es in einer Gruppe keine Menschen, die man nicht gebrauchen könnte. Man kann nicht sagen: „Dieser Mensch ist zu nichts nütze". In dem Maße, wie ihr in anderen Nutzlosigkeiten seht, existiert die Nutzlosigkeit in euch. Wir sollten in der Lage sein, den höheren Sinn zu erkennen, warum ein Mensch in der Gruppe ist und ihn entsprechend in die Gruppenarbeit einbinden. Die Fähigkeit, Einvernehmen inmitten von Uneinigkeit zu erreichen, ist die Lehre von Uranus. Wahre Weisheit besteht darin, gegensätzliche Energien in sich ergänzende Energien umzuwandeln. Das ist Weisheit. Das Widerstrebende ist nur eine andere Dimension dessen, woran es uns selbst mangelt. Von Zeit zu Zeit konfrontiert uns die Natur, damit wir den Sinn einer gegensätzlichen Energie erkennen. Versucht, vom Widerstand zu lernen, kämpft nicht mit ihm. So wie ihr diese Dimension einzuschließen lernt, erweitert sich euer Bewusstsein. Das höhere Bewusstsein schließt das niedere Bewusstsein mit ein. Die niedrigeren Zahlen sind in den höheren Zahlen eingeschlossen. Der gemeinsame Nenner von 3 und 4 findet sich in der Zahl 12. Lernt durch Widerstände, woran es euch mangelt. Erkennt, dass dies ein Erfordernis der Natur ist und euch hilft, euer Bewusstsein zu transzendieren. Widerstände sind wie Straßensperren. Man kann nicht einfach anhalten, sondern muss einen Weg finden, um weiterzukommen. Verspürt ihr keinen Widerstand, so hütet euch vor dem Fall oder der Gefahr, einen groben Fehler zu begehen. Erkennt, dass der Widerstand eine Schutzfunktion innehat.

Rundet alle Widerstände ab, indem ihr einschließt. Dies ist auch die Botschaft von Meister *CVV*. Er bezeichnet es als 'Round developments. All-round developments' (wörtlich: 'Runde Entwicklungen. Überall abgerundete Entwicklungen'). Sobald ihr die Ecken abrundet, gibt es keinen Widerstand mehr. Seid ihr abgerundet, habt ihr keine Ecken, die andere verletzen könnten. Ecken bilden Kanten, die verletzen. Große Winkel haben scharfe Kanten.

Von Zeit zu Zeit erzeugt die Natur Krisen sowohl für die Menschheit als auch für das einzelne Individuum. Krisen dienen dem Lernen. Haben wir unsere Lektion aus der Krise gelernt, ist sie abgeschlossen. Weigern wir uns, tritt dieselbe Krise nach gewisser Zeit wieder auf. Ein Beispiel dafür sind häufige Krankheiten. Jede Krankheit enthält eine Botschaft, nämlich, dass man seine Gewohnheiten hinsichtlich Essen, Arbeiten und Ausruhen ändern sollte. Schenkt man dem keine Beachtung, wird man immer wieder krank. Die Menschheit ist regelmäßig damit beschäftigt, Kriege im einen oder anderen Teil der Erde zu führen, weil sie die Sinnlosigkeit von Kriegen noch nicht verstanden hat. Sie hat nicht gelernt, wie man eine Krise oder Kriege überwindet. Daher kommt es nach einer gewissen Zeit erneut zu Kriegen. Wer lernt, bleibt nicht auf der Stelle stehen, sondern bewegt sich vorwärts, d. h. sein Bewusstsein erweitert sich. Heute votiert die Mehrheit der Menschen gegen Krieg. Eine kleine Minderheit hat dies noch zu lernen. Lasst uns auf der individuellen Ebene lernen, unsere kleinen unbedeutenden Krisen zu meistern, die auf unsere Unwissenheit zurückgehen.

Sobald ihr eure Lektion aus der Krise gelernt habt, erhaltet ihr ein Geschenk von der Natur. In jedem Problem verbirgt sich ein Geschenk, das sich offenbart, sobald das Problem angegangen und gelöst wird. Wird das Problem verdrängt, wird es größer, und das Geschenk bleibt uns vorenthalten. Jeden Aspekt des Lebens positiv umzuwandeln erfordert ein hohes Maß an Willen, Verständnis und Geduld. Dies lehrt uns Uranus, damit wir in wenigen Jahrhunderten das Ideal der menschlichen Bruderschaft erreichen können. Dies ist ein Teil des Plans, der sich erfüllen wird.

Die Quantenphysik geht ebenfalls auf den Einfluss von Uranus zurück. Nachdem Uranus unser Sonnensystem und unseren Planeten besucht hatte, konnten die Menschen bis auf die Ebene des Atoms vordringen. Dadurch hat sich der Menschheit ein völlig neues Wissen erschlossen. Bitte erinnert euch daran, dass alle Wissenschaftler hauptsächlich unter dem Einfluss von Uranus stehen. Es findet immer mehr Dematerialisierung statt, während der Materialverbrauch sinkt. Diese Entwicklung wird sich weiter fortsetzen. In der Informationstechnik und Elektronik wird bereits das Wort 'demat' – für Dematerialisierung – benutzt. Statt Papier liegt alles im elektronischen Format vor. Die Mail ist elektronisch, so dass der Papierverbrauch sinkt und das Problem der Lagerung bzw. Entsorgung weitgehend entfällt. Die elektronische Version von Gedrucktem ist heute sofort abrufbar. Der Aufwand der Post hat deutlich abgenommen. Selbst Geld ist elektronisch verfügbar und hat Geldscheine und Währungen abgelöst. Sämtliche Flugtickets und Fahrscheine sind elektronisch. Wenn man mich fragen würde: „Haben Sie ein Ticket?", müsste ich sagen: „Ja, aber ich kann es nicht mehr auf dem Papier vorzeigen wie früher." Es ist da und gleichzeitig auf der dichten physischen Ebene nicht da.

Heute werden zahlreiche Geschäftsabwicklungen in dematerialisierter Form durchgeführt. Rechtliche Absprachen werden nicht mehr auf der physischen, sondern auf der ätherischen (elektronischen) Ebene getroffen. Ganze Bände von Photoalben werden in der Hosentasche herumgetragen. Das Abspeichern von Daten, inklusive Audio und Video, ist super einfach geworden. Eine riesige Bibliothek von Büchern passt jetzt auf einen kleinen Chip. All diese Entwicklungen gehen auf den Einfluss von Uranus auf dem Gebiet der Wissenschaft zurück.

Beim Material kommt es auf Einfachheit und Präzision an. Alle Bestrebungen haben sich von der dicht-physischen auf die feinstofflich-physische Ebene verlagert. Dies ist jedoch nur der Anfang: auch die menschliche Form wird eine Dematerialisierung erfahren. Dann können wir auch hohe Seelen wie *Krishna* und die Meister der Weisheit besser verstehen. In naher Zukunft wird ein Mensch in Argentinien in eine Art Telefonzelle gehen, bestimmte Zahlen eingeben (seinen eigenen Code) und entsprechend seiner Eingabe in einer Zelle in Europa erscheinen. Der Ort und die Entfernung werden einprogrammiert, und entsprechend erscheint er an einer anderen Stelle. Sobald er seine Arbeit erledigt hat, reist er dann auf die gleiche Weise zurück.

Dies ist eine Prophezeiung für das Wassermannzeitalter. Die Quantenphysik arbeitet bereits darauf hin. Diese Idee wurde bereits verfilmt und ist in Hollywood-Filmen zu sehen.

Die Quantenphysik eröffnet uns heute zahlreiche Möglichkeiten. So werden viele unerwartete Entwicklungen eintreten, die sich sogar gleichzeitig ergeben könnten. Die Gleichzeitigkeit von Wassermann führt zu Erfindungen, die urplötzlich und zur gleichen Zeit in Erscheinung treten und unser heutiges Verständnis der Möglichkeiten revolutionieren werden.

Es ist zunehmend interessant zu beobachten, welche Möglichkeiten die Wissenschaft der Menschheit bereitstellt und wie der Westen den Osten darin führt. Erinnert euch daran, dass *Varuna* das Prinzip des Westens ist und *Mitra* das Prinzip des Ostens. Die Umwandlung der Materie ermöglicht gleichzeitig das Herabsteigen des Geistes und findet ihren Höhepunkt in der Seele. Die Quantenphysik läutet eine Wissenschaft ein, die die Umwandlung von Materie ermöglicht.

Metaphysik und Quantenphysik sind das Feld von Uranus. Sein Reich ist das Sein. Das Sein wiederum ist die Grundlage der Metaphysik und der Quantenphysik. Die Quantenphysik wird schließlich dazu führen, dass die Wissenschaft die Existenz und ihre Natur entdeckt und dadurch die Metaphysik versteht. Auf diese Weise erfüllt sich das Gesetz der Entsprechung – 'wie oben so unten'. Gegenstand der Metaphysik ist das Verstehen des 'Oben', und infolgedessen das Verstehen des 'Unten'. Die Quantenphysik ermöglicht das Verstehen des 'Unten' und endet schließlich im Verstehen des 'Oben'. So findet der Westen seinen Höhepunkt im Osten.

16. Radioaktivität wird von Uranus regiert

Das Ehepaar Marie und Pierre Curie, denen wir die Entdeckung von Radium und Polonium verdanken, sind eng mit dieser Energie und der entsprechenden Hierarchie verbunden. Auf den wissenschaftlichen Gebieten gibt es daher zahlreiche Menschen, die der Hierarchie von Uranus angehören. Die Radioaktivität setzte einen Impuls für alle weiteren Erfindungen. Auch wir Menschen sind der Radioaktivität ausgesetzt. Immer mehr Menschen werden in der Lage sein, Radioaktivität aufzunehmen, da die Qualität des Radiums auch im Menschen angeregt wird. Auf diese Weise wird neben Radium auch Platin, Uran und Polonium stimuliert, um die Menschen auf zukünftige Entwicklungen vorzubereiten. Diese Stimulierungen im Inneren und Äußeren verwandeln die Materie sanft aber tiefgreifend, damit sie ein größeres Maß an Licht aufnehmen und bewahren kann. Unerwünschte dichte Materie wird abgestoßen und ebnet den Weg für Transformationen. Durch Radioaktivität ändert sich der Zustand einer bestehenden Materie oder Form und wird deutlich verbessert, so dass wir das Königreich Gottes auf Erden erfahren können.

Strahlung ist ein Aspekt der solaren Energie, die im Menschen und im Atom vorhanden ist. Erhöht sich die Strahlung, wird die Materie selbst auf der feinsten und kleinsten Ebene transformiert. Im Menschen ist das *buddhische* Zentrum das Zentrum der Transformation, und in dem Maße, in dem das *buddhische* Zentrum stimuliert wird, finden Transmutationen auf der mentalen, emotionalen und physischen Ebene des Menschen statt, aus denen die menschliche Form besteht. Vollziehen sich die erwünschten Veränderungen, verwandelt sich ein Menschensohn in einen Gottessohn. Die unstete Natur bringt eine stete Natur hervor. Auch dies ist ein Aspekt der Radioaktivität. Die atomare Radioaktivität setzt gleichzeitig die radioaktive Natur des Menschen frei, die auf der *buddhischen* Ebene existiert.

Die Zerstörung von Materie durch Radioaktivität muss nicht unbedingt negativ gesehen werden. Bestimmte dichte und schwere Materieansammlungen lassen sich abstreifen, um eine bessere Lebensweise zu ermöglichen. Die Dichte führt die Materie zum Südpol. Wird die Dichte verringert, kann sich ein besseres Gleichgewicht zwischen Geist und Materie einstellen. Die Sonnenstrahlung und die Erwärmung des Planeten werden ebenfalls positiv gesehen und letztendlich die heutige negative Angst vor Radioaktivität beseitigen. So umfassend wie die Materie unterliegt auch der menschliche Körper der Evolution. Meister *CVV* prophezeite, dass die Menschen selbst radioaktiv würden – das heißt, dass sie in die *buddhische* Ebene aufsteigen und sehr viel strahlender und magnetischer werden. Die gesamte Arbeit der Wissenschaftler und spirituellen Wissenschaftler ist heute darauf ausgerichtet, die dichten und kristallisierten Formen auf allen Ebenen aufzubrechen. Es gibt Kristallisationen bis hin zu starken Verdichtungen auf der mentalen, emotionalen und physischen Ebene, die zerstört werden sollen, so dass Licht auch in Bereiche eindringen kann, die sich bis dahin widersetzt hatten.

Die Arbeit von Uranus wird geschickt von Radium und Polonium unterstützt. Es ist interessant, dass Radium und Polonium in Uranerzen vorkommen und die atomare Zahl von Polonium (84) auch eine Zahl von Uranus ist.

17. Uranus ist abrupt und plötzlich

Uranus ist abrupt, plötzlich und ändert sich im Bruchteil einer Sekunde. Dinge können sehr plötzlich geschehen – ohne große Vorwarnung. Spontaneität ist die Qualität von Uranus. Bei Uranus gibt es kein vorprogrammiertes Denken. Werdet ihr von Uranus berührt, erhaltet ihr weder eine Vorwarnung noch ein Signal. Ihr reagiert sogar unbewusst und erkennt erst im Nachhinein, welches Programm sich abgespielt hat. Er lässt euch keine Zeit. Er wartet nicht, bis ihr etwas versteht, sondern schlägt ein wie ein Blitz. Erst später werdet ihr erkennen, dass etwas durch euch geschehen ist. Er durchkreuzt all eure Vorhaben, euer Vernunftdenken, das Pläneschmieden und all den intellektuellen Kram. Könnt ihr das glauben? Euer Glaube kümmert ihn jedoch nicht. Ihr könnt nur lernen, euch an allem zu erfreuen. Er arbeitet schneller als die Intuition.

Man kann nicht sagen: „Ich bin nicht bereit, man hat mir vorher nichts gesagt." Es gibt keinen Weg, sich bereit zu fühlen; seid einfach bereit, seid wachsam. Ereignisse geschehen ohne Vorankündigung oder Vorwarnung. Kaum etwas lässt sich noch vorhersagen, vorstellen oder erraten. Früher konnten die Propheten Ereignisse relativ gut vorhersehen. Das ist jetzt sehr schwierig, weil die Ereignisse so schnell und plötzlich eintreten. Auf den niederen Bewusstseinsebenen kann Uranus bei den Menschen zu plötzlichen Wutausbrüchen führen, zu einem ungezügelten Ausdruck von Gewalt. Uranus ist in allem abrupt, im positiven wie im negativen Sinn. Selbst die Weisheit enthüllt sich unvermittelt. Erkenntnisse können sich blitzartig aneinander reihen, und man kann solchen Offenbarungen wie ein leidenschaftsloser Betrachter beiwohnen. Versucht nicht, eine vernunftmäßige Erklärung dafür zu finden. Uranus kann jedem seine Gnade schenken. Es müssen nicht die traditionellen Kanäle sein, da er frei ist von allen herkömmlichen Methoden. Er könnte einen Dummkopf aussuchen und ihn durch seine Gnade zur Erleuchtung führen oder jene Menschen vernachlässigen, die emotional nach Erleuchtung streben. Die Wahl liegt bei ihm. Ihr könnt ihm für seine Wahl keine Bedingungen auferlegen.

Hierzu fällt mir eine Anekdote ein: Es gab einmal einen Meister, der mit der Energie von

Uranus arbeitete. Er lehrte und unterrichtete spontan und führte auch Heilungen durch. Die Menschen fragten ihn: „Wie hast du geheilt? Wie konnte diese spektakuläre Heilung geschehen?" Er antwortete ihnen: „Ich weiß nicht, wann es geschah. Inzwischen habe ich eine Erklärung dafür; aber das ist unwesentlich, weil sie mir bei der nächsten Heilung nicht helfen wird. Es geschah durch mich. Ich blieb ein leidenschaftsloser Beobachter und ließ es zu. Tatsächlich wurde ich noch nicht einmal um Erlaubnis gebeten." Seine Lehren entstanden aus der Improvisation. Orthodoxe Gläubige fragten ihn: „Auf welcher wissenschaftlichen Schrift beruht deine Lehre?" Seine Antwort lautete: „Ich weiß es nicht. Das Lehren geschieht, und die Menschen mögen es. Sie spüren die Freude und fühlen sich emporgehoben. Probieren geht über Studieren. Die Maßstäbe der Schriften interessieren mich nicht. Ihr könnt die Lehre annehmen oder auch nicht. Für mich macht es keinen Unterschied." Er lehrte die Jüngeren auf seine Weise, und die Älteren in der Gesellschaft fragten ihn: „Welcher Gedankenschule gehören diese Lehren an?" Und wiederum lautete die Antwort: „Ich weiß es nicht." Die

Schüler waren von seiner Lehre fasziniert und widmeten sich fleißig dem Studium. Einer von ihnen wurde plötzlich erleuchtet, der gemessen am allgemeinen Maßstab nicht besonders gut war. Die anderen waren etwas neidisch. Sie gingen zum Meister und fragen ihn: „Meister, wir alle folgen deinen Lehren. Der Schüler, der erleuchtet wurde, ist nur mittelmäßig. Wie kommt es, dass ausgerechnet er erleuchtet wurde?" Der Meister lächelte und sprach: „Ich weiß es nicht." Es sieht so aus, als ob es in Zukunft noch viel mehr 'Ich-weiß-es-nicht'-Meister geben wird. Dies ist eine Auswirkung von Uranus.

Uranus sucht das jungfräuliche Denken. Darunter versteht man ein Denken, das noch nicht von zu vielen Lehren beeindruckt wurde. Das heißt, dass diejenigen, die mit festgefahrenen Lehren zum Lehrer kommen, in diesem Sinne nicht jungfräulich sind. Sie sind nicht in der Lage, sich in den Fluss zu stellen. In der Jüngerschaft ist die Frische des Denkens erwünscht, aber kein Denken, dass voll gepackt ist mit zu vielen Konzepten.

Auf diese Weise ergeben sich unzählige Möglichkeiten. Bereit zu sein für jede Möglichkeit

– das ist es, was Uranus lehrt. Volkswirtschaften können plötzlich einbrechen ohne vorherige Ankündigung. Alle merkurischen Berechnungen von Stärken könnten sich als Schwächen erweisen. Was wir für unsere Stärke halten, könnte sich in Schwäche verkehren. Und alles, was wir für unsere Schwäche halten, könnte sich als Stärke herausstellen. Die wahre Stärke in beiden Situationen ist guter Wille. Sehr starke Nationen ohne guten Willen könnten innerhalb kürzester Zeit am Boden liegen. Und Nationen mit gutem Willen, die wirtschaftlich schwach gestellt sind, könnten unvermittelt eine Chance erhalten zu erstarken. Wichtig ist es, sich an Werten auszurichten, nicht an intellektuellen und berechnenden Größen.

Bereits in der Vergangenheit sind viele scheinbar starke Zivilisationen plötzlich untergegangen. Trotz allem verfügbaren Wissen über Erdbeben war das Erdbeben in Indien im Jahr 2001 nicht vorhersehbar gewesen. Das Gebiet, das man für erbebensicher gehalten hatte, stellte sich als schwach heraus. Was schwach oder stark ist, entzieht sich manchmal der Kenntnis der Wissenschaft. Ein Mensch kann unvermittelt krank werden oder auf wundersame Weise von seiner Krankheit genesen. Das sind weitere Möglichkeiten von Uranus. Es kann zu Heilungen kommen, die wissenschaftlich normalerweise nicht möglich sind. Ebenso kann plötzlich eine Krankheit auftreten, die zum Tod führt, ohne dass ein erkennbarer Grund vorliegt.

Wichtig ist die esoterische Stärke, nicht die exoterische Stärke. Daher gehört die Zukunft den Werten und der Praxis des Okkultismus, um dauerhafte Stärken zu entwickeln. Esoterische Stärke ist ätherisch, exoterische Stärke ist materiell. Erstere gehört der Subjektivität an, letztere hängt vom Objektiven ab. Erstere trägt und erhält sich selbst; letztere benötigt immer Unterstützung von außen. Uranus zwingt die Menschheit eher dazu, sich der ätherischen Stärke zuzuwenden als der materiellen.

18. Machtvolle Vorstellungskraft

Idealismus und eine machtvolle Vorstellungskraft gehören zu den natürlichen Eigenschaften von Uranus. Die Vorstellungskraft steht an der Schwelle zur Kreativität und zur subtilen Welt und führt den Menschen in das Reich der Intuition. Bei einem fortgeschrittenen Denker blitzt die Intuition von Zeit zu Zeit auf und drückt sich aus in frischen und neuen Gedanken zum Wohl der Gesellschaft. Ein Jünger, der als Seele wirkt, arbeitet hauptsächlich mit der Kraft der Intuition. Die Seele arbeitet intuitiv. Intuition repräsentiert das *buddhische* Licht der Seele, das auch als höheres Denkvermögen bezeichnet wird. Uranus zielt darauf ab, Menschen mit einem reinen und offenen Denken auf die intuitiven Ebenen zu erheben, um Kreativität in das menschliche Handeln einfließen zu lassen. Seit Beginn des Wassermannzeitalters im Jahr 1875 haben wir dank der Stimulierung des intuitiven Wirkens sehr viel Kreativität verbunden mit dem entsprechenden Fortschritt erfahren. Die meisten fortgeschrittenen Denker und Wissenschaftler, die entscheidend zum Fortschritt der Menschheit beigetragen haben, sind entweder selbst Jünger oder Jünger von Jüngern, die der Strahl von Uranus über das höhere Denkvermögen erreicht und durch ihr offenes und reines Denken wirkt.

Ein Wahrheitsgesetz, das jeder Aspirant beherzigen sollte, der nach Erweiterung seines Bewusstseins strebt, besagt, dass man nicht nur den Umriss der dichten physischen Form wahrnehmen, sondern beobachten sollte, welche Ereignisse weltweit geschehen. Gleichzeitigkeit ist ein Kennzeichen von Uranus. Daher würden die Aspiranten gut daran tun, das Innere und das Äußere mit einem offenen Denken aufzunehmen und bis an die äußersten Grenzen des *buddhischen* Denkens vorzudringen. Grundlage dafür ist selbstverständlich ein reines Leben. Das *buddhische* Licht ist das goldene Licht, das aus dem Herzlotus hervortritt und in die Berührung reiner Liebe mündet. Durch ein reines Leben, ein offenes Denken und die reine Liebe kann sich der Aspirant in einen Jünger verwandeln und auf der Grundlage der Intuition arbeiten. Je stärker die Intuition, desto höher ist die Kreativität. In dem Maße, wie Kreativität sich in konstruktiven Bahnen äußert, manifestiert sich die Vorstellungskraft, die auch als Intuition bezeichnet wird und Menschen nach Vollendung streben lässt. Nur Gott ist vollkommen, daher gehört das Streben nach Vollkommenheit zur Aufgabe der Menschen, die entschlossen sind, sich zu transformieren, zu verbessern und in vollkommenere Wesen zu verwandeln. Durch Intuition und die damit verbundenen mächtigen kreativen Gedanken wird Idealismus (durch praktische Anwendung) allmählich in vibrierende Manifestationen auf der Erde umgesetzt.

Das Offensichtliche wahrzunehmen und auf dieser Basis schnell zu einem Urteil zu gelangen spricht für absolute Mittelmäßigkeit. Das Offensichtliche ist ein Symbol, das sich durch Beobachtung entschlüsseln lässt entsprechend seiner Farbe, seinem Klang und seiner Zahl. Auf diese Weise kann man auch die Schwingung und Potenz erkennen. Notwendig und weitreichend in ihrer Wirkung sind dafür okkulte Werkzeuge. Okkulte Werkzeuge sind kein schmückendes Beiwerk. Für viele Aspiranten mag das so sein. Sie bilden sich etwas auf ihr geringes okkultes Wissen über Zahl, Klang, Farbe, Astrologie, Psychologie, usw. ein und tragen blindlings theoretisches Wissen mit sich herum, das ihnen in einer gegebenen Situation nicht weiterhilft.

Für die Menschen ist es unmittelbar notwendig, ihre Vorstellungskraft zu entwickeln. Zumindest sollten wir Vermutungen anstellen, auch wenn sie zu Beginn etwas wild sind. Die Vermutungen können auch völlig daneben liegen. Sie öffnen jedoch die Eingangspforten zur Welt der Vorstellungskraft. Machtvolle Vorstellungen öffnen das Tor zur Visualisierung und danach zur Intuition. Ein reines Denken bildet die notwendige Grundlage dafür. Ohne ein reines Denkens läuft man Gefahr, sich in Halluzinationen und Illusionen zu verlieren. Illusionen sind Fallstricke und machen die Menschen zu Tagträumern. Sorgt für ein reines Denken und widmet euch regelmäßig der Imagination und Visualisierung. Beobachtet tagsüber die Realität eurer Vorstellungskraft in den Ereignissen des Tages. In den Vereinigten Staaten werden bedeutende Ideen ausgezeichnet, was Menschen dazu ermutigt, sich Dinge vorzustellen. Aber derjenige, dessen Eingebung sich bewahrheitet, ist bereits mehrfach belohnt. Er erhält Kontakt zur subtilen Welt, die ihm weit mehr enthüllt. Es gibt zahlreiche heilige Menschen, die sich nichts aus Auszeichnungen und Belohnungen machen. Das einzige, das sie interessiert, ist das Streben nach Vollkommenheit. Die Schätze, die ihnen auf dem Weg dahin begegnen, lassen sie freizügig der Gesellschaft zugute kommen.

Okkultismus heißt, durch die Form hindurch zu sehen und das Innere der Dinge wahrzunehmen. Alles manifestiert sich in Schichten. Jeder Weisheitsspruch beinhaltet mehrere Verständnisebenen. Man braucht Vorstellungskraft, um zu erkennen, was sich in dem Spruch verbirgt und weit mehr Informationen enthält als das offensichtlich Gesagte. Bücher zu lesen ist wertvoll, besonders wenn es sich dabei um Bücher von Meistern der Weisheit oder um Schriften handelt. Es ist jedoch nur für jene wirklich bedeutsam, die zwischen bzw. hinter den Zeilen lesen können. Dies geht nur in Verbindung mit Vorstellungskraft. Es bleibt dieselbe Zeile, ob sie ein Fünftklässler liest oder ein Fünfzigjähriger. Aber das Verstehen ist unterschiedlich je nach Verständnistiefe, die man sich im Laufe seines Lebens aneignet. Diese hängt wiederum ab von der Entwicklung eines umfassenderen, tieferen Bewusstseins.

Man muss lernen, hinter das Erscheinungsbild zu blicken. Darin besteht die Praxis. Erinnert euch bitte daran, dass der Mensch, dem ihr begegnet, aus sieben Schichten besteht. Die äußere Schicht zu sehen heißt nicht, den Menschen wahrzunehmen. Ähnlich verhält es sich mit dem Alphabet. Worte sind mehr als Buchstabengruppen. Die Buchstabengruppen übermitteln eine Botschaft; und die Tiefe der Botschaft hängt ab von der Tiefe eures Bewusstseins. Versucht, tiefer in das Innere und das Äußere zu sehen. Dies ist auch der grundlegende Schritt für die Meditation. Wenn ihr dies ausführt, wird Meditation zu einem Lebensweg; sonst bleibt es bei jeweils 30 Minuten am Morgen und 30 Minuten am Abend. Taucht tief in euer Innerstes ein und erkennt euch selbst. Taucht tief in eure Umgebung ein und erkennt das große Selbst.

Wenn ihr eine Form seht und dementsprechend entscheidet, ist es so, als würdet ihr sie nach der Verpackung beurteilen. Begegnet ihr einem Menschen, wäre es sehr voreilig und primitiv, seine Schönheit nur nach dem äußeren Erscheinungsbild zu bemessen. Ihr solltet die Fähigkeit entwickeln, den Menschen Schicht um

Schicht wahrzunehmen. Das kann man mit jeder Form und jeder Energie, die einem begegnet, tun. Formen sind offensichtlich. Sie sind Symbole und besagen mehr als sie erscheinen. Der Mensch, mit dem ihr täglich zu tun habt, ist nicht an jedem Tag und zu jeder Stunde gleich. Seine Farbe, seine Schwingungen und seine Aura ändern sich fortwährend entsprechend wie der Innewohnende sich fühlt. Nehmt Menschen nicht als selbstverständlich hin. Entwickelt eine gute Beobachtungsgabe. Sie sollte euer steter Begleiter sein auf dem Weg zum okkulten Verständnis.

Wenn nur die äußere Verpackung gesehen und danach geurteilt wird, ist es so, als würde man in eine dicke Suppe von Nichtwissen schlittern. Viele Gruppen und ihre Mitglieder sind in eine solche Suppe von Nichtwissen hineingeraten, weil sie die Bücher von Meistern mit ihrem Buchstabenwissen gelesen haben. Sie können die Suppe nicht löffeln, während sie darin sitzen. Viele finden es schick, Weisheitsbücher zu lesen. In Wirklichkeit stecken sie noch in den Kinderschuhen.

Uranus verleiht die gewünschte Tiefe. Er lässt den Menschen Schicht um Schicht die Bedeutung eines bestimmten Satzes enthüllen und verstehen. Ein Satz aus der Schrift kann Bände an Informationen enthalten. Jeder Absatz lässt sich in einem neuen Band auslegen. Eine Schrift ist demnach ein Band solcher Sätze, in denen wiederum weitere unsichtbare Bände stecken. Die Tiefe der Sätze lässt sich kaum erahnen.

Die Fähigkeit zu entfalten, zu durchdringen und hineinzugehen – die Fähigkeit einzutreten ist die Vorbereitung zur Initiation. Initiation ist ein lateinisches Wort. Es kommt von initiare und bedeutet eintreten. Der Schlüssel dazu wird allen Menschen durch die Energie von Uranus bereitgestellt. Uranus bewirkt Initiationen. Meister *CVV* sagt: „Initiationen werden beschleunigt." Beginnt mit der Kraft der Vorstellung. Geratet nicht in die Phantasie der Vorstellung. Gleichzeitig entwickelt das reine Denken. Denkt immer wieder darüber nach. Wenn ihr einen Satz lest, der von einem Meister der Weisheit kommt, lasst ihn einige Stunden lang in euch nachwirken. Lest nicht über die Sätze hinweg bis zum Ende des Buches. Wenn ihr am Ende des Buches ankommt, seid ihr von der darin enthaltenen Energie durchdrungen und transformiert. Das ist das Ziel eines heiligen Buches.

Uranus • 18. Machtvolle Vorstellungskraft

Wenn ihr euch an anderen Orten aufhaltet, versucht einfach, den Ort im Sinne eines Experiments tief zu ergründen und behaltet eure Wahrnehmung für euch. Sprecht nicht unmittelbar mit anderen über eure Wahrnehmung und hütet euch vor astralen Illusionen. Versucht lediglich, in der Stille zu beobachten. Beobachtet bewusst und hört auf euer inneres Gewahrsein. Seht, der Ort enthüllt sich euch intuitiv. Ebenso enthüllen sich euch die Menschen intuitiv. Ob es sich dabei um Intuition, Vorstellungskraft oder Illusion handelt, lernt ihr im Laufe der Zeit unterscheiden. Daher habe ich euch vorgeschlagen, zunächst Schweigen zu bewahren und bewusst zu beobachten. Diese Übung sollte mehrere Jahre lang durchgeführt werden. Durch intensive Arbeit werden euch die Dinge schneller enthüllt.

Lasst euch nicht von dem beeinflussen, was ihr wahrnehmt. Es könnte richtig oder falsch sein; behaltet es lediglich als Information. Wenn ihr mit euren Beobachtungen näher an der Wahrheit seid, werdet ihr immer häufiger Bestätigungen erhalten. Ihr solltet solche Bestätigungen abwarten können. Ein offenes Denken ist dabei hilfreich. Ein voreingenommenes Denken verhindert, dass ihr neutral und normal mit den Informationen umgeht, die ihr durch euer Verständnis erhaltet.

Die Bestätigung schenkt uns die Freude, dass wir mit unserer Vorstellungskraft richtig liegen. Diese Übung sollte täglich durchgeführt werden, damit wir allmählich besser sehen und die kreative Vorstellungsgabe in uns entwickeln können. Kreativität unterstützt uns bei der Erweiterung unseres Bewusstseins, so dass wir nicht länger durch die vorgegebene Form konditioniert werden. Wir versuchen, über die Form hinaus zu sehen und ein Verständnis zu gewinnen. Sobald man damit beginnt, findet man auch sich selbst jenseits seiner Form wieder. Wir alle sind nicht auf unsere Form begrenzt – wie ich euch schon früher gelehrt habe – sondern existieren genauso sehr darüber hinaus. Auf diese Weise lässt sich die Konditionierung durch die Form überwinden. Das ist bereits schon eine Einweihung.

Wer Zugang zu seiner Intuition hat, ist weit besser ausgestattet als die anderen. Die Dinge kommen leichter auf einen zu. Das Arbeiten mit der Intuition ist eine große Hilfe, denn das Wissen bleibt nicht mehr auf das Offensichtliche beschränkt. Das Offensichtliche und Äußerliche sind lediglich Hilfsmittel, um in die Energie hinter der Erscheinung einzutauchen. Wer diese Fähigkeit besitzt, kann sie auf jeden Lebensbereich anwenden und ein tieferes und umfassenderes Verständnis gewinnen. Er ist dann schneller als andere und kommt leichter voran in dem Bestreben, sich in jedem Bereich des eigenen Lebens zu vervollkommnen.

19. Uranus, der hauslose Wanderer

Uranus ist der hauslose Wanderer. Ähnliche Aussagen hört man im Hinblick auf jeden Meister der Weisheit. Uranus selbst wohnt keiner Form inne. In Wahrheit wohnen selbst die Menschen nicht in der Form. Aufgrund ihrer Unwissenheit glauben sie jedoch, dass sie in der Form wohnen, obgleich sie sich innerhalb und außerhalb der Form befinden. Uranus erbaut Formen, während Saturn sie auskristallisiert und verdichtet. Menschen, die von Saturn beherrscht sind, werden vollständig durch ihre Form konditioniert. Sie sind sogar davon überzeugt, dass sie nur aus ihrer Form und nichts weiter bestehen und daher mit dem Tod der Form sterben. Die Ringe von Saturn sind sehr starr, um die Menschen in der Form festzuhalten bis hin zur Konditionierung.

Uranus erbaut Formen, damit die Lebewesen darin leben können. Uranus ist der Erbauer und zugleich der Zerstörer. Gemäß den Anforderungen der Zeit kann er Formen erbauen oder auch zerstören. Alles, was alt ist und konditionierend wirkt, wird von Uranus zerstört. Seine Aufgabe ist es, die Menschheit vom Formaspekt zum Lichtaspekt emporzuheben. Ein Haus steht für eine Form. Selbst Gedankenformen sind Häuser. Viele Menschen bleiben in ihren Gedankenmustern hängen und sind dadurch Gefangene ihrer eigenen Gedanken. Solange diese starren Gedanken nicht zerbrochen werden, können sie nicht frei sein, um im Bewusstsein zu wachsen. Der gedankenfreie Zustand des Seins ist das höchste Ziel, zu dem Uranus uns führt. Durch Uranus wird dies möglich, da er selbst nicht gebunden ist.

Jesus sagte: „Der Sohn Gottes hat kein Dach, unter dem er sich zur Ruhe bettet", was bedeutet, dass er immer weiter geht. Er kann nicht einfach an einem Ort verweilen. Bewegung ist kennzeichnend für Uranus: er hält uns in Bewegung. Die Bewegung findet im Inneren wie auch im Äußeren statt. Durch die innere Bewegung wird das Energiesystem im Körper neu ausgerichtet, während durch die äußere Bewegung der Mensch an weit entfernte Orten reisen kann, nicht nur hier auf unserem Planeten, sondern auch in verschiedenen Sphären anderer Planeten, um deren Energie zu erfahren.

Beispielsweise besuchte uns die Energie von Uranus durch einen Kometen, der sie auf die

Erde brachte. Nachdem Meister *CVV* diese Energie empfangen hatte, besuchte er nicht nur verschiedene Sphären dieses Planeten, sondern auch andere planetarische Sphären, z. B. von Venus und Saturn, obgleich er scheinbar in Kumbakonam saß. Er empfing den Plan von Uranus und ging auf Reisen, um bestimmte Aspekte des Planes zu erfüllen. Dafür verließ er häufig seinen Körper, der in einer anderen Dimension ebenso ein Haus ist.

Heute findet eine Beschleunigung dieser Bewegung innerhalb und außerhalb der Form statt, um ein neues und höheres Gleichgewicht zu erlangen. Ein Flugzeug befindet sich am Boden wie auch in der Luft im Gleichgewicht. Der Unterschied besteht darin, dass im zweiten Fall der Gleichgewichtszustand höher ist. Das Gleichgewicht auf einer höheren Ebene wird durch eine beschleunigte Bewegung erreicht. Um sich außerhalb des Körpers zu bewegen, benötigt man eine kraftvolle Bewegung von innen. Uranus stimuliert diese Bewegung, damit sich die Wesen innerhalb und außerhalb des Körpers bewegen und größere Erfahrungen machen können. Die *Yogis* sprechen auch vom Aufstieg der

Kundalinî-Kraft. Die Anziehungskraft der Form wird aufgehoben, so dass sich die Wesen aus der Form heraus bewegen können. Inzwischen ist es Wissenschaftlern unter Aufwendung von großer Kraft und Geschwindigkeit gelungen, die Erdanziehungskraft zu überwinden und sich jenseits der Erdatmosphäre in neue Sphären zu begeben.

Nicht-Bewegung verursacht Tod, Bewegung verursacht Leben. Größere Bewegung führt zu größerem Leben. Unter dem Einfluss von Uranus wurden auch atomare Kräfte freigesetzt, die eine deutliche Ausweitung der menschlichen Aktivität zur Folge hatten. Wird das permanente Atom im Menschen in ähnlicher Weise von der Konditionierung der Form befreit, sind Dinge möglich, die weit über unsere Vorstellungskraft und Intuition hinaus reichen.

Uranus lässt sich nicht begrenzen und auf einen Ort festlegen. Sein Prinzip besteht in der kontinuierlichen und schnellen Bewegung und der damit einhergehenden Expansion. Es ist ein nie endendes expandierendes Prinzip, das sich durch keine Form, d. h. keinen Planetenkörper einschließlich der Sonne, begrenzen lässt. *Va-*

runa ist ein supra-kosmisches Wesen und kann noch nicht einmal durch ein kosmisches System gebunden werden. Uranus ist nur ein Vermittler dieses Prinzips. Von Jupiter wissen wir, dass er mit dem Prinzip der Expansion und Durchdringung verbunden ist. Uranus ist sein Großmeister. Seine Wirksamkeit ist um das Siebenfache höher als bei Jupiter. Ein Jupiterzyklus umfasst 12 Jahre, ein Uranuszyklus 84 Jahre. Das Zentrum von Jupiter liegt direkt über dem Kopf des Menschen. Dies hat symbolischen Charakter. Der Kopf eines Menschen kann Jupiter nicht vollständig erfassen. Ein Teil von ihm befindet sich im Kopf und ein größerer Teil außerhalb des Kopfes. Uranus entspricht dem Siebenfachen des Jupiterprinzips. Ich überlasse es eurer Vorstellungskraft, wie groß sein Wirkungsgrad auf der Mikro- und Makroebene ist.

'Vom Zentrum zum Kreisumfang' ist die Arbeit von Uranus. Durch Uranus kann sich das Zentrum bis zum Kreisumfang ausdehnen. Der Kreisumfang enthält daher die Eigenschaften des Zentrums, und die Ausdehnung erfolgt schrittweise vom individuellen zum universalen Bewusstsein über das planetarische, solare und kosmische Bewusstsein. Das Zentrum dehnt sich aus bis zum Kreisumfang. Die individuelle Seele dehnt ihr Bewusstsein aus bis zu den äußersten Schichten des Körpers. Von Meister *CVV* wird dies mystisch bezeichnet als 'Zentrum überall, Kreisumfang nirgends' ('Centre everywhere, circumference nowhere'). Er nennt es auch den 'verborgenen Kreisumfang' ('Hidden circumference'). Das heißt, das Bewusstsein bewegt sich weit über den Kreisumfang der Form hinaus in alle Richtungen. Die *Veda* nennt diesen Zustand das Rad von *Anemi* oder *Anemi Chakra.*

Während Uranus Häuser erbaut, scheint es ihm gleichzeitig zu widerstreben, in einem Haus zu wohnen. Aus diesem Grund besuchte uns die uranische Energie nicht über einen Planeten des Sonnensystems, sondern durch einen Kometen. Kometen bewegen sich frei. Sie sind nicht an ein Sonnensystem gebunden. Vielmehr gleichen sie Touristen oder Wanderern, die gemäß dem Plan der Zeit auftauchen.

Eingeweihte lassen sich ebenfalls nicht auf einen Körper, ein Haus oder einen Ort begrenzen. Sie sind Energiesysteme, die mit oder ohne Form wirken, da sie nicht an ihre Form gebunden sind. Häuser und Formen haben für sie keine große Bedeutung. Sie bewegen sich frei im Äther. In Indien lebte einmal ein großer Okkultist namens Occulkot *Mahâraj*, das bedeutet, der Herrscher des Okkultismus. Er lebte lieber im Dschungel statt in den Häusern der nahe gelegenen Städte und Dörfer. Der König der Provinz, der die Größe dieses Menschen erkannte, ging in den Dschungel und bat ihn, in seinem Palast zu wohnen. Er bot ihm den Hauptpalast an und wollte selbst in einem kleinen Palast in der Nähe wohnen. Doch der *Mahâraj* sagte: „Dein Palast ist zu klein für mich, ich kann darin nicht leben. Der offene Raum des Dschungels ist viel bequemer als jeder Palast, den ein Mensch für mich bauen kann." Der König jedoch bestand darauf, und der *Mahâraj* leistete ihm schließlich keinen Widerstand. Unter großen Fanfaren wurde er zur Stadt des Königs geleitet und in seinen Palast gebracht. Nachdem der König den *Mahâraj* behaglich untergebracht hatte und seinen Palast verließ, gewahrte er den *Mahâraj* auf der Kuppel des Palastes. Der König war überrascht. Er fragte den *Mahâraj*, warum er sich auf der Palastkuppel aufhalte. Der *Mahâraj* sagte: „Wie ich Euch bereits gesagte habe, begrenzt das Dach des Palastes mein Wesen. Der Himmel ist das einzige Gewölbe, unter dem ich mich wohl fühle, denn der Himmel hat kein Dach." Große Eingeweihte wohnen weder in einem Körper noch in einem Haus. Es sieht nur so aus, als würden sie in Körpern oder Häusern wohnen, in Wirklichkeit ist es nicht so.

Uranus will den Menschen nicht nur dieses Verständnis nahe bringen, sondern auch ihr Wachstum fördern, damit sie die begrenzten Dimensionen ihres Körpers hinsichtlich ihres wahren Selbstes erkennen. Als individuelle Seelen haben sie eine viel größere Dimension als ihre Körper. Uranus möchte, dass die Menschen hauslose Wanderer werden wie er selbst.

Die Kraft des Radius ist die Kraft von Pi (π). Und die Kraft von Pi ist die Kraft der Weisheit. Die Bewegung vom Zentrum zum Kreisumfang und vom Kreisumfang zum Zentrum wird durch die Energie von Uranus erleichtert, so dass die Wesen durchdrungen werden.

Obgleich Uranus als Herrscher des Wassermanns gilt, arbeitet er mit vielen Sternzeichen und Planeten. Ein Mensch, der kein Haus hat,

hat viele Häuser, da er ein Besucher bleibt. Entsprechend hat auch Uranus, der hauslose Wanderer, viele Häuser, die er aufsucht. Er besucht das Sternzeichen Löwe und erweitert die Persönlichkeit, damit sie zur Seele wird. Er besucht Wassermann, damit die Seele zur Universalseele wird. Er besucht Skorpion, um bei jeder Expansion gleichzeitig Tiefe zu verleihen. Erinnert euch daran, dass die Bewegung von Uranus nicht nur Expansion und Durchdringung verursacht, sondern aus den lichtvollsten Sphären auch in die dunkelsten Bereiche tiefer Unwissenheit vordringt. Er arbeitet gleichermaßen wirkungsvoll horizontal wie vertikal. Kein Haus kann ihn fassen. Daher ist er hauslos. Überall, wo es jegliche Art von Konditionierung gibt, wandert er hin.

20. Uranus und Freundlichkeit

Der Meister des Wassermannzeitalters ist der einzige Meister, der seine *Yoga*-Schule als 'Freunde der *Yoga*-Schule' bezeichnete. In der Wassermannschule sind alle Freunde. Dies ist das Ideal. Im Sinne des Meisters des Wassermannzeitalters bezeichnet das Wort 'Freund' einen Menschen, der freie Enden hat (im Englischen: fri-ends = free ends), das heißt, er legt im Namen der Freundschaft dem anderen keine Fesseln an. Freundschaft ist eine Beziehung, die auf wahrer Freiheit zwischen zwei Menschen beruht. Keiner hält den anderen fest, aber beide unterstützen sich gegenseitig. Jeder von ihnen ist frei, trotzdem kooperieren sie. Es besteht keinerlei Verpflichtung. Obwohl beide einander nicht verpflichtet sind, arbeiten sie dennoch zusammen. Freundlichkeit ist die höchste Qualität des Menschen. Freundlichkeit kann solange nicht verstanden werden, bis Macht vollkommen durch die Liebe aufgehoben ist.

Liebe, an die Erwartungen geknüpft sind, ist keine Freundschaft. Sie ist auch keine Liebe. Ein Freund ist jemand, der freundlich ist ohne jede

Erwartungshaltung. Alle Freundschaften beruhen in der Regel auf gegenseitigen Erwartungen. Wahre Freundschaft jedoch handelt nach der Maxime: „Wir sind zusammen. Ich lebe auf meine Art und lasse dich auf deine Art leben." Die Menschen sind so diabolisch, dass sie heilige Dinge für diabolische Zwecke missbrauchen. Ein anderer ist nur dann ein Freund, wenn sein Denken und seine Lebensweise mit uns übereinstimmen. Weist er einen unserer Standpunkte zurück, ist er nicht länger unser Freund. Das ist keine Freundschaft. Die Menschen hegen in der Regel Erwartungen. Werden diese nicht erfüllt, wird der Freund zum Feind, und die Freundlichkeit verschwindet. Das ist keine Freundschaft! Auch die Liebe, von der die Menschen sprechen, ist an Erwartungen geknüpft.

Wenn man dem anderen gegenüber bedingungslose Freundschaft oder Liebe empfindet, bleibt man immer freundlich und in Liebe verbunden, egal was der andere tut. Eine solche Freundlichkeit ist heilig. Sie entspringt der Qualität eines reinen Herzens. Auf der Ebene des Denkens verliert sie ihren Duft. Eingeweihte und wahre Lehrer sind solche Freunde. Sie verlassen die Schüler nicht, die ihnen nur bis zu einem bestimmten Punkt folgen und dann von ihnen weggehen. Sie wünschen ihnen alles Gute, bis sie aus ihrem vernebelten Verstehen herauskommen und wieder klar sehen können. Die Lehrer helfen in der Stille weiter, selbst wenn andere den Kontakt zu ihnen abbrechen. Wie bereits gesagt, ist dies eine Qualität des Herzens und nicht des Intellekts. Die Pulsierung des Herzens spendet Leben, unabhängig davon, ob der Mensch das Herz wahrnimmt. Der Mensch mag es versäumen, auf sein Herz zu hören. Doch die Qualität des Herzens, Liebe und Freundlichkeit, existiert weiter und folgt dem Menschen selbst über den Tod hinaus, begleitet ihn von der physischen Ebene zur überirdischen Welt und bringt ihn entsprechend seiner Orientierung in die irdische Welt zurück. Es ist der Freund, der einen nie im Stich lässt.

In dem Maße, wie ein Mensch Mitgefühl und Freundlichkeit allen Wesen gegenüber zum Ausdruck bringt und ohne eine Spur von Bosheit ist, arbeitet Uranus effektiv durch ihn. Ansonsten bewirkt Uranus das Gegenteil, bis die Lektionen gelernt sind. Die heiligen Prinzipien würden entweiht, wenn diese heiligen Qualitäten auf das beschränkte Verständnis der Persönlichkeit begrenzt blieben. Die Arbeit von Uranus besteht darin, solche Begrenzungen zu zerbrechen. Macht ist für ihn unannehmbar, er will Freundlichkeit. Stolz widerstrebt ihm, er sucht Mitgefühl. Bosheit ist ihm zuwider, sie wird von ihm bekämpft. Es scheint paradox, aber in Wahrheit ist Uranus eine machtvolle durchdringende Energie, die Liebe und Mitgefühl hervorbringt. Der höchste Aspekt der Macht ist Liebe. Und Liebe ist Macht. Diese Synthese ist für den gewöhnlichen Menschen unverständlich.

Im Leben von Jesus sehen wir, dass er allen – selbst Verbrechern, Prostituierten und seinen Gegnern – gegenüber freundlich war. Warum sollten wir uns daran stören, wenn ein anderer unehrlich ist? Es ist sein Problem. Wenn jemand mir gegenüber unehrlich ist, bleibt es sein Problem. Seine Unehrlichkeit ist sein Problem. Man sollte nicht auf die Unehrlichkeit reagieren, sondern stattdessen mit der Seele in Kontakt treten.

Wahre Freundschaft oder Liebe heißt, den anderen in seiner Gesamtheit zu akzeptieren so wie er ist. Normalerweise ist annehmen gleichbedeutend mit bedingt annehmen, sei es Liebe oder Freundschaft. Wir machen uns ein Bild von einem Menschen, dem er vielleicht nicht entspricht, und erleben häufig, dass es sich so nicht bewahrheitet. Wir können den anderen niemals vollständig verstehen. Unsere Freundlichkeit richtet sich nach dem Bild, das wir uns von dem anderen machen, und wenn er etwas tut, das damit nicht übereinstimmt, sind wir nicht mehr freundlich. So ist es. Aber das ist nichts anderes als Kommerz. Auf der Persönlichkeitsebene sind alle Tugenden kommerziell. Kommerz beruht auf einer gegenseitigen Erwartungshaltung und folgt gemeinhin der Regel „Eine Hand wäscht die andere". Aber der Schlüssel zur Freiheit besteht darin, seine Aufgabe mit Liebe und ohne Erwartung zu erfüllen. Solange das nicht der Fall ist, kann der Mensch nicht frei sein. Daher spreche ich von diabolisch, da es euch bindet. Erwartungen und der Vorgriff auf gute Ergebnisse sind Teil des Verlangens. Seine Arbeit mit Liebe zu tun (nicht weil man sie tun muss) befreit den Menschen allmählich aus seiner eigenen Konditionierung und Gefangenschaft.

Ist eine Tat guten Willens an Erwartungen geknüpft, hat diese Tat einen Haken. Entsprechend gibt es einen Haken bei einer freundschaftlichen Tat, und einen Haken bei der Liebe, einen sehr großen Haken sogar. Alle Tugenden auf der Persönlichkeitsebene bewirken, dass die Persönlichkeit den anderen festhält und bindet. Menschen durch Tugenden wie Dienst, guter Wille, Großzügigkeit usw. zu kontrollieren ist ein schmutziges Spiel. Viele Menschen guten Willens geraten unbewusst in die Energie des Vampirismus. Dadurch fühlen sich andere in ihrer Gegenwart unwohl. Es handelt sich dabei um einen subtilen positiven Vampirismus, der eine latente Kontrolle ausübt, die nicht offen sichtbar ist. Bewusst oder unbewusst, offensichtlich oder subtil, kommt dies auch bei Lehrern und *Gurus* trotz ihrer Weisheit vor. In diesem Zeitalter haben die Gottesmenschen die Pflicht, die Menschen auf sich selbst zu stellen. Die Abhängigen, die sich an ihnen anlehnen, müssen lernen, selbstständig und unabhängig zu werden, so dass sie für andere eine verlässliche Stütze sein können. Der Lehrer darf für die Schüler nicht länger unentbehrlich sein und sie in Abhängigkeit lassen. Auf diese Weise werden der Lehrer und die Schüler frei. Wahre Eltern können nicht zulassen, dass ihr Kind immer von ihnen abhängig ist. Sie möchten, dass das Kind selbstständig ist. Daher besteht die Notwendigkeit, andere frei zu lassen.

Freundlichkeit ist keine Tat, sondern ein Wesenszug des Menschen. Wird Freundlichkeit zur Tat, bleibt sie auf die Persönlichkeit begrenzt. Freundlichkeit gegenüber bestimmten Menschen ist eine solche Tat. Wird sie zur Wesensart, verströmt sie sich in die ganze Umgebung und schließt Tiere, Pflanzen, Elemente usw. mit ein. Freundlichkeit als Wesensnatur strahlt in die Umgebung aus. Wer die Aura eines solchen Menschen betritt, spürt seine Freundlichkeit – sei es ein Tier, ein Mensch, oder ein anderes Wesen. Freundlichkeit als Wesenszug ist wie Magnetismus. Ein Magnet strahlt magnetische Energien aus; es findet kein bestimmter Akt des Magnetisierens statt, sondern es geschieht. Der Magnetismus ist nicht auf einen speziellen Gegenstand gerichtet; er braucht keinen Zugang. Die meisten Menschen jedoch brauchen diesen, um zu lieben und freundlich zu sein. Unpersönliche Liebe und

Freundlichkeit dagegen verströmen sich auf natürliche Weise. Jeder erfährt es in der Gegenwart eines solchen Menschen. Daher heißt es: „Du kannst nicht lieben. Liebe geschieht." Du kannst Freundlichkeit als Wesenszug kultivieren, aber das Entscheidende ist jedoch, deine eigene Natur zu transformieren und freundlich zu werden. Jede Ausübung einer Tugend bleibt eine Tat; aber diese Taten müssen einen Punkt erreichen, wo sie zur essentiellen Wesensnatur werden. Tun geht einher mit Energieverbrauch. Sein kennt keine Verausgabung und hat dennoch denselben Effekt. Derjenige, der tut, verausgabt sich selbst. Jene, die um das Sein wissen, sind nicht erschöpft. Bei ihnen geschehen die Dinge: Liebe geschieht durch sie. Freundlichkeit geschieht durch sie. Dienst geschieht durch sie, und die Wahrheit drückt sich durch sie aus. Im Tun wird alles zu einer anstrengenden Übung. Uranus möchte, dass das Sein Vorrang hat vor dem Tun.

Wenn etwas mit einem Haken versehen ist, ist es ein Geschäft. Uranus widerstrebt diese Art von Geschäft. Er sagt: „Wenn du mich so akzeptierst, ist es okay. Erwarte nicht, dass ich mich nach deinen Bedingungen richte." Die

Menschen hegen Erwartungen im Hinblick auf einen Heiligen, Gottesmann oder *Guru* und setzen Maßstäbe ihrem Verständnis entsprechend. Aber wenn Weisheitslehrer nach der Pfeife von Unwissenden tanzen, sind sie von geringem Nutzen. Uranus bringt Lehrer hervor, die eigene Maßstäbe setzen und durchaus von denen des Fischezeitalters abweichen. Sie sind anders als die früheren Lehrer. Die Lehrer des neuen Zeitalters kleiden sich meistens nicht traditionell, um ihre Besonderheit hervorzuheben. Auch leben sie nicht abseits des allgemeinen Lebensstroms oder bauen große *Ashrame*. Sie sind einer unter vielen, und doch anders als die anderen. In allen Aspekten ihres Lebens wirken sie ziemlich gewöhnlich. Aber sie sind ungewöhnlich und selten. Trotzdem leben sie wie ein Gewöhnlicher unter den Gewöhnlichen. Der erhöhte Uranus im Skorpion ermöglicht die spezielle Dimension, dass diese Lehrer unter den Gewöhnlichen leben, obgleich sie ungewöhnlich sind. Ihre Besonderheit ist die reine Freundlichkeit.

Selbstregierung ist unter den Eingeweihten sehr alt, aber bis heute von der Menschheit unerreicht. Durch Selbstregierung und freien Willen kann sich Freundlichkeit manifestieren.

21. Vom Raum zum Atom

Die Bildung von Atomen aus dem Raum und allen Ebenen der Existenz aus der Urmaterie untersteht *Varuna*. Es ist das Raumbewusstsein. Heute besteht die wesentliche Arbeit der Wissenschaftler darin zu erkennen, wie die Materie bzw. das Atom entsteht, wo der Ursprung des Atoms liegt und wie sich der Übergang des Atoms aus dem Raum vollzieht. Wird dieses Geheimnis gelüftet, werden wir auch eine wissenschaftliche Erklärung für Geburt und Tod erhalten. Wie kommt es vom scheinbaren Nichts zur sichtbaren Schöpfung? – Dies ist das höchste Geheimnis von *Varuna* und wird auch der Übergang des Wassermanns genannt. Es gibt einen Tunnel: auf der einen Seite liegt die Schöpfung und auf der anderen Seite die scheinbare Leere, die alles enthält. Dies ist das Symbol vom Krug des Wassermanns. Der Krug hat eine Öffnung auf beiden Seiten. Man sieht, wie auf der einen Seite das Wasser herausläuft, aber auf der anderen Seite fließt kein Wasser hinein. Als ob das Wasser aus dem Nichts käme. Somit geschieht Magie zwischen der einen und der anderen Öffnung des Krugs, um die Schöpfung hervorzubringen. Dies ist der Übergang vom Nichts zum Etwas und vom Etwas zum Nichts. Es wird auch der Übergang vom Punkt des Todes zur Geburt genannt.

Varuna enthält die Geheimnisse um das Auftauchen aus dem Absoluten. Auch die Zahlenfolge weist Lücken auf. Von der 0 zur 1 und von der 1 zur 2 zählen wir einfach kontinuierlich der Reihe nach. Aber gibt es nicht auch 0,1; 0,2; 0,3 bis zu 0,9 vor der 1? Und gibt es nicht auch 0,11; 0,12; 0,13 usw. mit Zehntel und Hundertstel usw.? Zwischen den Zahlen 1, 2, 3 usw. liegen große Sprünge. Wir sehen nicht die Kontinuität, wir sehen die Kontinuität wie wir sie wollen. Zwischen 0 und 1 liegen unzählige Zahlen und ebenso zwischen 1 und 2, 2 und 3 etc. Wir übergehen die Lücken und zählen allgemein.

Wenn wir durch Dinge, die vor uns liegen, hindurchsehen, nehmen wir nicht das Intervall wahr, das zwischen den Dingen liegt. Ein Intervall ist ein Zwischenraum. Jeder Tempel hat am Eingang zwei Säulen, und man betritt den Tempel nur durch den Zwischenraum. Dieser Zwischenraum zwischen zwei sichtbaren Elementen wird von *Varuna* ausgefüllt. Der Zwischenraum ist der magische Bereich, in dem sich nacheinander das eine Sichtbare und das andere Sichtbare ereignet. Den Zwischenraum wahrzunehmen ist der Schlüssel, um sich mit dem Prinzip von *Varuna* zu verbinden.

Es gibt einen Zwischenraum zwischen zwei Gedanken. Die aufeinander folgenden Gedanken sind erkennbar, aber der Zwischenraum zwischen den Gedanken bleibt unsichtbar. Bevor ein Gedanke auftaucht, besteht nur der Raum. Zwischen zwei sichtbaren Existenzen existiert der Raum. Darüber sollte man nachdenken.

Im Sanskrit gibt es das Wort *Antarikshana*, was bedeutet, nach innen oder dazwischen zu sehen. *Antar* steht für Intervall, *Ikshana* steht für Sicht. Wenn es euch gelingt, das Intervall zwischen zwei sichtbaren Objekten oder zwei geäußerten Gedanken wahrzunehmen, könnt ihr das, was sonst nicht sichtbar ist, sehen.

Im *Yoga* wird demnach empfohlen, seine Wahrnehmung auf das Intervall zwischen den Gedanken zu lenken. Dieser Zwischenraum entsteht auch zwischen zwei Atemzügen, zwischen der Einatmung und Ausatmung, oder man kann das Intervall zwischen der zentripetalen und der zentrifugalen Kraft der Pulsierung erkennen. In allen fortgeschrittenen Meditationsschulen gibt es eine Meditationsform, bei der die Wahrnehmung auf den Zwischenraum gerichtet wird. Im Sanskrit wird dies als *Antarikshanam* bezeichnet, das heißt, den Zwischenraum sehen. Manche Lehrer sprechen von Zwischenspiel, andere wiederum von Lücke und wieder andere von der unsichtbaren Brücke usw. Wenn der Mensch lernt, diesen Zwischenraum zu sehen, dann erkennt er, dass zwischen dem einen und dem anderen Zustand Hierarchien von 1010 liegen. Dies zeigt uns, dass hinter jeder sichtbaren Schöpfungsgeschichte eine unsichtbare Geschichte liegt. Im unsichtbaren Bereich existieren ebenfalls Abstufungen wie bei 0,1; 0,11; 0,111 usw., die sich der Wahrnehmung entziehen, wenn nur grob gezählt wird. In einer grobphysischen Welt wird alles grob gezählt, aber hinter der groben Erscheinung stehen unzählige Transformationen vom Subtilsten zum Subtileren bis hin zum Subtilen.

Zu Beginn wurde das Symbol von *Varuna* gegeben, wo er mithilfe seines Dreizacks Linien in die supra-kosmische Ebene zeichnet. Nach der Mythologie verursachen die Wellen, die auf der supra-kosmischen Ebene entstehen, die notwendigen Transformationen.

Die Entstehung des Atoms ist weitaus erstaunlicher als das, was man heute auf der Suche nach dem Ursprung des Atoms annimmt. Unbewusst begibt sich der Mensch, der auch nur ein Atom ist, auf die Suche nach sich selbst. Die Wissenschaft steht heute an der Schwelle zur geistigen Wissenschaft, und die Prophezeiung der Hierarchie, dass die Wissenschaft auf die spirituelle Wissenschaft trifft, scheint nicht mehr weit entfernt zu sein.

22. Uranus – Klang – *Kundalinî*

Mithilfe des Klangs erweckt Uranus die *Kundalinî* im Basiszentrum. Über den Klang sind die kosmische, solare, planetarische und menschliche *Kundalinî* miteinander verbunden. Klang bildet die Grundlage der gesamten Schöpfung. Durch Äußern bestimmter Klänge entstehen Klangschwingungen und führen zu Manifestationen oder Bildung von Materie entsprechend dem zuvor dargelegten Muster. Die Wissenschaft des Klangs ist die höchste Wissenschaft. In alten Zeiten wurde durch Klang Magie ausgeübt. Dieses Klangpotenzial wurde von Meister *CVV* im *Yoga* eingeführt, um im *Mûlâdhâra* des *Yoga*-Schülers die machtvolle Wirkung von *Varuna* zu stimulieren. Der Klangschlüssel regt die *Kundalinî*-Energie an, die auf die *buddhische* Ebene emporgehoben wird. Zusammen mit den einströmenden Energien von *Varuna* wurde dieser Schlüssel von Meister *CVV* weiter ausgearbeitet.

Im neuen Zeitalter wird die *Kundalinî* durch Klang hervorgerufen. Daher ist es notwendig, dass wir uns mit der Wissenschaft des Klangs vertraut machen. Verbunden damit ist das *Man-*

tra der *Gâyatrî*, das sich jetzt mühelos über die gesamte Erde verbreitet, damit es entsprechend angewendet wird. Im *Mantra* der *Gâyatrî* geht es um die Verbindung mit dem Sonnenzentrum, dem solaren Zentrum und dem kosmischen Zentrum. Das Sonnenzentrum heißt *Sûrya*, das solare Zentrum *Savitru* und das kosmische Zentrum *Bhargo Deva*. Durch Klänge werden alle drei Ebenen miteinander verbunden. Das ist einer der Gründe, warum die Hierarchie entschieden hat, das *Mantra* der *Gâyatrî* auf der Erde zu verbreiten und sicherzustellen, dass es von möglichst vielen Gruppen gesungen wird. Beim *Mantra* der *Gâyatrî* kontempliert man über das Erbauen der Brücke zunächst zwischen dem physischen Hirn des Menschen und dem *buddhischen* Zentrum (das Erbauen der Anfangsbrücke), um das Denken des Körpers mit dem Denken der Seele zu verbinden. Dies geschieht im letzten Teil des *Mantras*, nämlich *Dhiyo Yonah Prachodayât*. Dann entsteht eine zweite Verbindung zwischen der individuellen Seele und dem solaren Zentrum *Sâvitru*, ausgedrückt durch *Tat Sâvitur Varenyam*. Durch die Verbindung mit dem solaren Zentrum kann die Energie des solaren Zentrums zu uns herabströmen. So entsteht eine weitere Brücke. Und mit *Bhargo Devasya Dhîmahi* kontemplieren wir über das kosmische Zentrum, so dass die Energien vom kosmischen zum solaren Zentrum, vom solaren Zentrum zum planetarischen Zentrum, und vom planetarischen Zentrum zum individuellen Menschen herabströmen. Durch das Singen der *Gâyatrî* werden alle Sphären über Klang verbunden. Diese Verbindung geschieht wiederum durch die Verbindung mit der *Kundalinî*-Energie.

Dieselbe Wirkung entsteht durch Anrufen der drei Klänge 'CVV'. Daher sagte der Meister: „Wenn ihr den Klang *CVV* anruft, ist es nicht notwendig, die *Gâyatrî* zu singen." Zu Beginn verbindet man sich im *Yoga* mit dem Sonnenzentrum, danach mit dem solaren und kosmischen Zentrum. Bevor man im ersten Schritt eine Verbindung mit dem Sonnenzentrum herstellt, verbindet man sich zunächst mit dem *buddhischen* Zentrum und dann mit dem Sonnenzentrum. Das Sonnenzentrum befindet sich im Herzzentrum. Das zentrale Sonnenzentrum, das auch als das Zentrum des solaren Systems oder *Sâvitru* bezeichnet wird, hat seine Entsprechung im höheren *Âjnâ*-Zentrum; und das kosmische Zentrum existiert im *Sahasrâra*. Wir sollten uns bewusst mit allen Zentren oberhalb des Zwerchfells verbinden und visualisieren, wie das Licht unseren ganzen Körper ausfüllt. Das Licht sollte vollkommen in uns einfließen und in die Umgebung ausströmen. In dem Maße, wie wir die wissenschaftlichen Klänge anrufen, können wir die Energie von Uranus anrufen.

Wie zuvor gesagt stellt Uranus den höheren Aspekt von Jupiter dar. Jupiter herrscht über die Klänge auf der Ebene der fünf Elemente. *Akasha* (der fünfte Äther) beinhaltet das grundlegende Merkmal des Klangs. Klang und *Akasha* gehören zusammen. Das Tierkreiszeichen Wassermann bezieht sich auf *Akasha*, dem höchsten Aspekt der Luft, der spirituellen Luft. Die Klänge gehen aus der *Akasha* hervor und erschaffen die fünf Elemente. Aber der Klang im Kosmos geht der Schöpfung viel weiter voraus.*

Durch den Impuls von *Varuna* steigen die kosmischen Klänge zu den niederen Ebenen

---

* Weitere Informationen über den Klang befinden sich im Buch SARASWATHI – DAS WORT desselben Verfassers herab. Wenn man Klänge richtig äußert, kann man auf die Ebene von *Akasha* und darüber hinaus emporsteigen. Aus diesem Grund verbreiten sich das heilige Wort *OM* sowie *Mantren*, wie die *Gâyatrî*, wieder auf der ganzen Erde. Es heißt: Wer den Klang kennt, weiß alles. So groß ist seine Bedeutung. *Varuna* lässt uns erneut die wissenschaftliche Wirkung des Klangs entdecken. Es gibt bestimmte kosmische Klänge, aus denen die Schöpfung hervorging. Diese Klänge waren in den ursprünglichen Sprachen noch vorhanden, aber mit der Degeneration der Äußerung kam es auch zu einer Degeneration der Sprache. *Varuna* versucht, durch Einführung der richtigen Klänge eine Veränderung herbeizuführen und wieder zum Ursprung zurückzukehren. Klang ist wirksamer als Farbe. Widerstand gegen Klänge, die *Mantren* genannt werden, weist auf ein fehlendes wissenschaftliches Verständnis hin.

Man kann sich dem Klang auf zwei verschiedene Weisen nähern. Zum einen kann man sich mit der Musik des Klangs verbinden und vollkommen mit ihr verschmelzen. Zum anderen kann man sich der Wissenschaft des Klangs zuwenden. Wenn man sich dem Klang hingibt, geht man vollständig in der Einen Existenz auf und vergisst seine individuelle Existenz. Das ist der Zustand von *Samâdhi*. Es existiert eine musikalische Hierarchie, die von dem kosmischen lunaren Prinzip *Soma* regiert wird. Seine Energie wird von Neptun übermittelt. Neptun ermöglicht, dass man in der Existenz aufgeht. Der große Meister *Nârada* herrscht über dieses Prinzip. Der zweite Aspekt des Klangs ist die damit verbundene Wissenschaft. Die Wissenschaft des Klangs wird von *Varuna* regiert und führt zu einem wissenschaftlichen Verständnis des Klangs. Zu ihr gehören auch die Wissenschaft der Sprachäußerung und die Wissenschaft des *Tantra*. *Tantra* ist ein wissenschaftlicher Prozess, bei dem in regelmäßigen Abständen Klang auf ein Symbol angewandt wird. Einer der sechs Schlüssel der *Veda* ist, Klänge richtig zu äußern.

Die Wiedereinführung der kosmischen Saatklänge ist das Werk von *Varuna*, um eine schnellere Transformation herbeizuführen. Der Wassermannmeister legte viel Wert auf die Arbeit mit Klang. Durch Klang werden die Menschen emporgehoben, und das Feinstoffliche kann sich im Grobstofflichen manifestieren. Die Arbeit mit Klang geht einher mit einer Schulung des Kehlzentrums. Das Kehlzentrum steht für die Menschheit. Die Menschen können sich nur bis zur stimmhaften oder physischen Ebene äußern. Vögel und andere Tiere können ebenfalls Laute hervorbringen, aber weder Klänge noch Sätze bilden. Die Menschheit sollte zum Kehlzentrum emporsteigen. Astrologisch ist es das Zentrum der Zwillinge. Gegenwärtig steckt die Menschheit in der Waage fest. Durch angemessene Äußerungen steigt der Mensch im ersten Schritt von der Waage zu den Zwillingen auf, und im zweiten und letzten Schritt von den Zwillingen zum Wassermann. Die Waage steht für die Luft der Leidenschaft. Die meisten Menschen stecken tief in ihrer Leidenschaft für die Objektivität. Sie müssen in die Subjektivität hineingehen und zum Kehlzentrum aufsteigen, das für *Akasha*, den fünften Äther, steht.

Der Mensch kann durch Ausatmung und Klang aufsteigen. Äußerungen können nur bei der Ausatmung entstehen. Während der Einatmung ist das Äußern von Klängen nicht möglich. Die Luft der Ausatmung ermöglicht den Aufstieg, und der Klang vollzieht die Magie der Reinigung. Kosmische Saatklänge sind die machtvollsten Saatklänge. Werden sie regelmäßig geäußert, entsteht im Körper Radioaktivität und bewirkt die entsprechende chemische Umwandlung. Auf diese Weise wird unnötige Materie entfernt und erstrebenswerte Materie angesammelt. In den Zellen des Körpers wird Feuer erzeugt, das sich mit dem Feuer des *Prâna*, das von der Milz freigesetzt wird, verbindet. Dieses Feuer sammelt sich im *Kundalinî*-Feuer im Basiszentrum und steigt hinauf zum Kehlzentrum. Beim Singen von *Veden* und *Mantren* sollte man bewusst im Kehlzentrum zuhören, um zum Kehlzentrum aufzusteigen. Da das Kehlzentrum zu den Zwillingen gehört, gab Meister *CVV* die Einweihung in den Klang zur Erweckung der *Kundalinî* im Monat der Zwillinge. Dieses Ereignis feiern wir seither jedes Jahr am 29. Mai als May Call Fest.

An dieser Stelle kommt dem sechsten Schlüssel zu den *Veden*, *Siksha*, wieder eine überragende Bedeutung zu. *Siksha* ist die Wissenschaft der Äußerung. Äußerungen sollten verantwortlich ausgeführt werden. Die Sprache ist kein Privileg, sondern eine Verantwortung. Es wird daher empfohlen, dass Menschen, deren Sprache von Eifersucht, Hass, Ärger, Bosheit, Stolz und Vorurteil gefärbt ist, ihre Sprache durch stimmliches und mentales Schweigen neutralisieren sollten. Stimmliches Schweigen mag leichter gelingen, mentales Schweigen ist nicht einfach. Das Denken braucht eine Aufgabe. Richtet euer Denken auf die Einatmung und Ausatmung und gönnt eurer Zunge eine Ruhepause. Benutzt eure Zunge und eure Sprache nur, wenn es sich um etwas Wesentliches handelt. Angenehme Gespräche sind gestattet, aber wenn im Gespräch negative Energien aufkommen, wie oben angeführt, ist es besser zu schweigen, indem man das Denken auf die Atmung richtet. Große Eingeweihte wie Pythagoras bestanden darauf, dass die Schüler drei bis fünf Jahre lang schweigen, bevor sie okkulte Praktiken aufnehmen. Das Schweigen ist ein Mittel, um Gespräche, die von Unwissenheit zeugen, zu unterbinden. Gespräche sollten ausschließlich konstruktiven Zwecken dienen. Dies wird auch beschrieben als das Herausreißen der Schlangenzungen und das Erbauen der Adlerflügel. Atemübungen erbauen die Flügel, längeres Schweigen schwächt scharfe Zungen.

Wenn man mit kosmischen Klangformeln arbeitet und dieser Disziplin folgt, wird das Kehlzentrum vollständig gereinigt und magnetisiert. Es verleiht den Äußerungen Glanz und Magnetismus, so dass die Menschen aus der Leidenschaft der Waage emporsteigen können. Die Hüterin der Leidenschaft gibt den Weg für die Seele frei, und die Schüler können in das Reich der Hüterin der Weisheit (*Minerva, Saraswathi*) eintreten. Die Weltjünger arbeiten mit dem Kehlzentrum nicht nur, um Weisheit aus höheren Kreisen zu enthüllen, sondern auch um den Plan zu manifestieren.*

Wenn der Mensch durch die Wissenschaft der Äußerung den Schlüssel zum Klang kennt, wird er zu einem Kanal für die Manifestation von Magie. Die Wirkung des Klangs wird im eigenen System erfahren. Mit der Zeit erkennen wir die Klänge, die sich auf das Basiszentrum, das Sakralzentrum, den Solarplexus, das Herzzentrum und das Kehlzentrum beziehen. Wir entde-

---

* Weitere Einzelheiten gibt es in folgenden Büchern desselben Verfassers:
MANTREN – IHRE BEDEUTUNG UND ANWENDUNG
SARASWATHI – DAS WORT
Kapitel 'Klang' im Buch SPIRITUELLES HEILEN

cken die Girlande von kosmischen Klängen, die vom Kehlzentrum bis zum Basiszentrum reicht, und jedes Blütenblatt mit dem entsprechenden Klang, das zu jedem *Chakra* gehört. Im Westen werden seit etwa hundert Jahren viele Bücher veröffentlicht, in denen die *Chakren* mit den entsprechenden Klängen beschrieben sind. Werden diese Klänge durch eine spezielle Übung aus der Wissenschaft der Äußerung realisiert, verwandeln sich die *Chakren* in Lotusse.

Chakra ist eine konditionierende Energie, die sich kreisförmig bewegt. Lotus steht für eine sich entfaltende Energie. In dem Maße, wie die Entfaltung vom Basiszentrum zum Kehlzentrum stattfindet, verwandeln sich die *Chakren* in Lotusse, und die Seele bewegt sich frei entlang dem Faden, der *Sushumnâ* genannt wird. Mit anderen Worten: über den Faden der *Sushumnâ* sind alle Blüten miteinander verbunden. Im Sanskrit spricht man von *Varna Mala*, was von Sir John Woodroffe als die 'Girlande der Buchstaben' übersetzt wurde.*

---

* Weitere Einzelheiten gibt es in den beiden Büchern von Sir John Woodroffe: SHAKTI UND SHAKTA – LEHRE UND RITUAL DER TANTRA-SHASTRAS und DIE SCHLANGENKRAFT

Er erhielt dieses Wissen von den Eingeweihten Südindiens. Es ist das authentischste Werk über *Chakren* und Klänge. Heute gibt es zahlreiche Bücher über dieses Thema, die aus höherer Sicht dem Ziel der globalen Ausbreitung der Klänge dienen. In allen Ecken der Welt experimentieren die Menschen damit herum, wissen jedoch nicht, wie sie in das Reich des Klangs vordringen können. Ich gebe euch ein Beispiel:

Einmal sah ein intelligenter Affe, wie Menschen das Fleisch einer Kokosnuss aßen. Er wusste, dass Kokosnüsse essbare und nahrhafte Früchte sind. Affen kommen leichter an Kokosnüsse heran als Menschen. Die Palmen sind sehr hoch, und die Kokosnüsse wachsen fast an der Spitze der Kokospalme. Affen gelangen viel leichter an die Früchte als Menschen, aber nur die Menschen wissen, wie man sie öffnet. Ebenso können die Menschen die Lehre von den Klängen und den damit verbundenen *Chakren* und Blütenblättern heute aus Büchern erfahren. Aber es fehlt ihnen der Schlüssel dazu. Der Schlüssel ist die Äußerung. Ohne Schlüssel bleiben die Türen zur göttlichen Weisheit verschlossen. Im Wassermannzeitalter bietet Uranus die Schlüssel zur Öffnung der Türen. Auch die entsprechenden Eingeweihten erfahren dadurch Befreiung. Meister *CVV* ist ein alter Eingeweihter im modernen Gewand, der die Klänge frisch und in einer neutralen Sprache herausgab. Intelligente Studenten mögen den Schlüssel aufgreifen und die Wissenschaft des Klangs bzw. die Wissenschaft der Äußerung studieren. Es ist die zukünftige Wissenschaft.

Klang führt zur Farbe, und Farbe führt zum Symbol. Ein Klang mit drei Buchstaben bildet das *Mantra* für das umgekehrte Dreieck, das in die Manifestation geht. Die drei Buchstaben bewirken drei verschiedene Qualitäten oder Farbqualitäten, wodurch eine Wechselwirkung mit der Materie entsteht. Die Materie nimmt daraufhin eine farbige Form an. Jede Form hat ihre zugehörige Farbe; und jede Farbe hat eine entsprechende Geschwindigkeit. Jeder Klang besitzt eine Schwingung. Durch Äußern bestimmter Klänge lassen sich Dinge manifestieren. Das ist Magie. Entsprechend kann man mithilfe des Klangs grobstoffliche Dinge auflösen und dematerialisieren. Klänge helfen den Menschen, sich zu dematerialisieren bzw. erneut zu materialisieren.

Es gibt einen vierfältigen Schlüssel, den jeder Jünger anwenden sollte. Vor 2000 Jahren erhielt Pythagoras diesen Schlüssel im Osten und gab ihn an den Westen weiter. So wie die Menschen allmählich erfahren, dass Jesus sich 18 Jahre in Indien aufhielt, gibt es ähnliche Legenden über Pythagoras, der noch länger in Indien lebte. Der Westen akzeptiert die Weisheit des Ostens bis zu den Ägyptern. Aber sie hören bei Ägypten auf. Doch woher hatten die Ägypter ihre Weisheitslehren? Die Zukunft wird es an den Tag bringen. Die Alten, die im Osten und im Westen Magie ausübten, kannten die Klänge. Aber in diesem Zeitzyklus werden die Klänge erneut vom Osten in den Westen gebracht, nachdem sie in den unterirdischen Höhlentempeln des *Himâlayas* aufbewahrt wurden.

Diese Klänge sind kosmischer Natur, die in den alten Sprachen noch vorhanden waren. Eine Sprache, die diese Klänge beinhaltet, ist viel machtvoller als andere Sprachen. Okkulte Studenten wissen heute, dass die Sprache in der vierten Wurzelrasse ihre vollkommenste Stufe erreicht hatte. Sie war kultiviert und von Saatklängen durchdrungen. Das Wort 'Sanskrit' bedeutet kultivierte Sprache. Man weiß heute auch, dass Griechisch und Latein Schwestersprachen des Sanskrit sind. Sanskrit verbreitet sich heute aus verschiedenen Gründen über den gesamten Erdball. Als ich vor kurzem in Puerto Rico war, erzählte man mir, dass eine Tafel mit einer Sanskrit-Inschrift gefunden wurde, die über 5000 Jahre alt ist. Sanskrit war eine allgemein verbreitete Sprache und gleichzeitig auch die Sprache der Magie. Denkt nicht, ich möchte Sanskrit verbreiten. Ich möchte, dass ihr wisst, dass in dieser Sprache alle potenziellen Klänge verborgen sind. Klänge sind universell und nicht an Völker gebunden. Wir sollten Klängen zuhören und sie äußern. Die Zukunft gehört den Klängen. Seid nicht nur auf eure Muttersprache fixiert, wenn ihr global sein wollt; arbeitet mit universellen Klängen.

Wir wollen uns nun den Symbolen und ihrer Energie zuwenden. Welche Energie hat das Dreieck? Welche Energie hat das Quadrat? Welche Energie hat das Rechteck? Welche Energie hat der fünfzackige Stern? Welche Energie hat die Kugel oder der Würfel? – Wir müssen die Energien dieser geometrischen Körper verstehen und in unserem Leben anwenden. Im unmanifestierten Zustand entspricht die Seele einer Kugel. Im manifestierten Zustand bildet sie einen Würfel. Um diesen Aspekt zu verstehen, brauchen wir ein tiefes Wissen der Geometrie und Mathematik. In allen *Chakren* befindet sich eine Vielzahl von Kreisen, Dreiecken, Quadraten, Fünfecken, Sechsecken und Siebenecken, deren entsprechende Energie wir kennen müssen. Das Studium der Symbole bildet einen wesentlichen Teil des okkulten Studiums. Hinzu kommen das Studium der Farben, der Klänge und schließlich das Studium der Zahlen. Pythagoras bezeichnete sie als die vierfältige Klaviatur aus Zahl, Klang, Farbe und Symbol. Wir sollten die Potenz der Zahl kennen, die Schwingung des Klangs und die Geschwindigkeit der Farbe. Sie finden sich vereint in einem Symbol – das ist okkultes Studium. Es führt uns zu einer tieferen Erkenntnis der Natur. In jüngerer Zeit führte Madame Blavatsky das symbolische Studium im Westen ein. Auch sie sprach von Zahl, Klang, Farbe und Symbol.

Wenn ihr einmal wisst, wie die Geheimnisse der Natur gelüftet werden können, erhaltet ihr jedes Mal, wenn ihr den Schlüssel anwendet, eine Fülle an Weisheit. Informationen zu verschiedenen Aspekten der Weisheitslehre können manchmal belastend sein. Wer jedoch den Schlüssel kennt, kann einen riesigen Banyan-Baum als Samen in seiner Hosentasche herumtragen. Es gibt einen Schlüssel zur ABHANDLUNG ÜBER KOSMISCHES FEUER. Wenn man den Schlüssel anwendet, braucht man nicht mühsam alle fünfhundert Seiten durcharbeiten. Es ist wichtig, mit diesen Schlüsseln zu arbeiten. Okkultismus heißt Anwenden der okkulten Schlüssel. Heute ist das okkulte Studium begrenzt auf das Wissen, das aus einer früheren Anwendung der Schlüssel entstand. Madame Blavatsky erhielt drei Schlüssel: die Astrologie, die Etymologie und den Zeitschlüssel. Mit Hilfe dieser drei Schlüssel konnte sie eine unermessliche Fülle an Weisheit erschließen. Der *Veda* zufolge gibt es sechs Schlüssel, die auf den siebten angewendet werden müssen. Der siebte Schlüssel ist kein anderer als der Schüler des Okkultismus. Den Schlüssel sollte man daher auf sich selbst anwenden. Wendet man die sechs Schlüssel nacheinander auf sich selbst an, öffnet sich das

Buch. Ich sagte euch an früherer Stelle: „Ihr seid das Original". Jeder von uns ist ein 'Originalmanuskript'. Wenn wir die Schlüssel auf uns selbst anwenden, entfaltet sich die Weisheit von innen. Echte Weisheit entfaltet sich stets von innen; sie kann nicht im Außen erworben werden. Das objektive Denken möchte immer im Außen Weisheit ansammeln; das okkulte Studium jedoch arbeitet nicht mit dem objektiven Denken, sondern mit dem subjektiven Denken. Wendet euch nach innen und arbeitet mit den okkulten Schlüsseln in eurem Inneren. Öffnet euer Buch und studiert das Buch im Licht der Weisheit. Das Licht befindet sich in eurem Inneren und ermöglicht euch das Studium. Einmal fragte ein Lehrer seine Schüler: „Wo ist das Licht?" Daraufhin zeigten die meisten Schüler mit dem Finger auf die Lampen im Raum und riefen „Dort ist das Licht… da… da…" Nur einer sagte: „Hier ist das Licht" und zeigte mit dem Finger auf sich selbst. Auf diese Weise erhielt er Einlass in die innere Kammer.

Wir müssen die sechs Schlüssel auf uns selbst anwenden. Der erste Schlüssel ist die spirituelle Astrologie. Der zweite Schlüssel ist der

Zeitschlüssel. Wir sollten ein Verständnis der Zeitzyklen haben. Welche Zyklen hat der Mond, welche Zyklen hat Saturn oder Pluto? Entsprechend unterliegt jedes planetarische Prinzip einer zyklischen Manifestation. Dasselbe gilt auch für *Manvantaras* oder *Kalpas* – das Wissen besteht auf der Mikro- und Makroebene. Beispielsweise finden wir die sieben *Manvantaras* auf der Mikroebene wieder in Form der sieben Tage einer Woche. Es gilt das Gesetz der Entsprechungen, das man kennen sollte. Madame Blavatsky spricht in der GEHEIMLEHRE über das Gesetz der Alternierung, das Gesetz der Pulsierung, das Gesetz der Periodizität und das Gesetz bezüglich Involution und Evolution. Sie führt all diese Gesetze auf den ersten Seiten ihres Buches auf. Wir sollten mit allen Gesetzen arbeiten.

Wie wirkt das Gesetz der Alternierung? Auf eine gute Stimmung folgt eine schlechte Stimmung; lichte Tage wechseln sich ab mit wolkenreichen Tagen, auf den Tag folgt die Nacht und auf die Nacht der Tag. Vollmond und Neumond geschehen im Wechsel entsprechend dem Gesetz der Alternierung. Wir finden jedes Gesetz in allen Aspekten unseres täglichen Lebens wieder. Madame Blavatsky sagt: „Der Raum pulsiert." Auch in uns gibt es eine Pulsierung, aber was bedeutet das? Es ist der Raum, der in uns pulsiert, und wir sind der Raum. Jeder von uns ist eine pulsierende Einheit des Raumes; um sie herum bilden sich die Persönlichkeit und die Individualität.

Zuvor haben wir gelernt, dass wir eigentlich Raum sind, und das Merkmal des Raumes ist Pulsierung. Durch Pulsierung manifestiert sich Leben, Licht und Bewegung. Wenn wir uns tief mit jedem Gesetz befassen, entfaltet sich das Wissen in uns selbst. In unseren okkulten Studien sollten wir uns diesem Wissen zuwenden und nicht übermäßig Informationen aufnehmen, die sich aus der Anwendung eines Schlüssels ergeben. Befasst man sich mit Informationen, die aus der Anwendung eines Schlüssels entstehen, arbeitet man lediglich mit dem objektiven Denken.

Kehren wir nochmals zu den Schlüsseln zurück: der erste Schlüssel ist die Astrologie, der zweite die Zeitzyklen, der dritte die Etymologie, der vierte die Grammatik, der fünfte die *Chandas* (das metrische System in der Natur), und der sechste Schlüssel ist die Äußerung. Welcher Art sind unsere Äußerungen? Wie rein sind sie? Äußerungen gibt es nicht nur auf der stimmlichen Ebene, sondern auch auf der mentalen Ebene. Wenn euch ein Gedanke kommt, wird der Gedanke durch das Bewusstsein in euch geäußert. Welche Qualität hat daher die Äußerung auf der Gedankenebene? Welche Qualität hat die Äußerung auf der Wunschebene? Welche Qualität hat die Äußerung auf der stimmlichen Ebene? Und wie präzise ist eure Äußerung? Alle Disziplinen, die sich auf die Sprache beziehen, folgen später. Es ist ein Schlüssel für sich. Am Anfang der okkulten Schulung ist der sechste Schlüssel der wichtigste. Das Energiesystem des Menschen hängt von der Qualität seiner Äußerung ab. Ist die Qualität der Äußerung nicht gut, entsteht im Körper die damit verbundene Chemie. Wenn wir wissen, dass sich jemand nicht sehr positiv verhält, entsteht jede Menge niedrige Chemie in uns, wenn wir über ihn sprechen. Angenommen, jemand ist als Gauner bekannt, dann schädigen wir unser Energiesystem, wenn wir von ihm als einem Gauner sprechen. Es besteht daher ein wesentlicher Unterschied zwischen einer okkulten Schulung und der bloßen Vermittlung von Informationen über die Weisheitslehre.

In den esoterischen Schulen werden den Schülern in den Anfangsstadien bestimmte Klänge gegeben, die sie täglich jeweils eine Stunde am Morgen und am Abend äußern sollen, wobei sie während des Tages schweigen. Hat man durch das Äußern bestimmter heiliger Klänge eine sehr positive Chemie aufgebaut, kann man es sich nicht leisten, das Erreichte zu verderben, indem man alle möglichen Dinge ausspricht. Am Anfang ist das Sprechen untersagt; später geht es um essentielles Sprechen, das angenehm sein und nicht von der Wahrheit abweichen sollte. Auf diese Weise werden in den okkulten Schulen die Energiesysteme vorbereitet. Wenn man den Boden reinigt, um anschließend Dünger und Mist darauf auszuschütten, war die Reinigung umsonst. Das Energiesystem zu reinigen bedeutet, es einem höheren Zweck zu unterstellen. Auf der einen Seite bereiten wir uns vor und zerstören auf der anderen Seite unsere Arbeit so lange, bis wir wissen, wie wir sprechen und denken sollen.

Uranus besteht darauf, dass wir mit Klang arbeiten, damit in uns eine bessere Verbindung aller Ebenen der Existenz stattfinden kann.

23. Uranus und der Äther

Uranus bezieht sich auf die ätherische Ebene jeder Formbildung, seien es Menschen, Planeten oder sogar Sonnensysteme, da alle Formen dem Äther entspringen. Die gesamte okkulte Arbeit ist heute überwiegend ätherisch. Für den okkulten Schüler ist es wichtig, sich der ätherischen Existenz immer stärker bewusst zu werden, und Uranus beschleunigt dieses Gewahrsein.

Uranus ist im Skorpion erhöht. Die Kraft, bis auf die tiefste Ebene hinunter zu manifestieren – das heißt, das Reich Gottes auf Erden zu manifestieren – jene Kraft liegt verstärkt im Skorpion, weil sich die gesamte Schöpfung im Zeichen des Skorpions ereignete und ihren dichtphysischen Zustand erreichte.

Vom Widder zum Skorpion vollzieht sich der vollständige Abstieg in einer Serie von Manifestationen. „Die Schlange, die vom Baum herabstieg und den Boden berührte" ist nichts anderes als die subtile Energie, die sich auf der dichtesten Ebene manifestierte. Dies steht nicht für das Böse; es steht für einen Aspekt der Schöpfung – die Involution.

Im Evolutionsgesetz gibt es Involution und Evolution. Unablässig manifestieren sich Energien und lösen sich wieder auf. Es ist ein ewiger Prozess. Unser Planet befindet sich im manifesten Zustand und betritt nun den Pfad der Rückkehr. Sobald ein Planet den Pfad der Rückkehr antritt, begibt sich ein anderer Planet auf den Pfad des Abstiegs. Dies ist das großartige Konzept der Globenketten, das von Madame Blavatsky erläutert wurde. Es gibt die ewige Arbeit von *Tamas* und *Rajas*. Das eine bewirkt die Manifestation, das andere die Auflösung. In uns geschehen alle Manifestationen durch *Idâ* und der Aufstieg durch *Pingalâ*. Wir existieren zwischen Abstieg und Aufstieg. Es gibt den Abstieg und den Aufstieg, und dazwischen liegt die Existenz. Dieses Dazwischen ist *Sushumnâ*. Um uns herum bilden sich beständig Atome und lösen sich wieder auf; dazwischen liegt die Existenz – die sichtbare Existenz. Dies ist das Verständnis von *Advaita*. Es ist sichtbar, aber nicht wirklich. Es sieht nur wirklich aus. Daher gebe ich häufig den Satz: „Keiner kann seinen Fuß zweimal in den Fluss setzen." Ihr setzt euren Fuß in den Fluss, nehmt ihn heraus und setzt ihn wieder hinein. Ihr denkt, dass ihr euren Fuß zum zweiten Mal hineingesetzt habt, aber es ist nicht mehr derselbe Fluss. An einem bestimmten Punkt fließt Wasser hinein und heraus. Das Hinein- und Herausfließen ist so gut aufeinander abgestimmt, dass man das Gefühl hat, es handele sich um denselben Fluss, aber in Wirklichkeit ist es anders. Daher spricht man von der 'offensichtlichen Existenz'. Sie ist fortwährend in Bewegung, aber scheinbar bewegt sie sich nicht. Darin liegt die Schönheit.

Wir sehen täglich die Sonne aufgehen, und jeder Tag beginnt mit einem neuen Sonnenaufgang. Es ist jedoch nicht derselbe Sonnenaufgang. Auch die Energien sind nicht dieselben. Diese Bewegung findet in einem ewigen Prozess statt. Selbst Planeten bewegen sich auf diese Weise. Jedes planetarische Prinzip hat eine Globenkette. Wenn sich ein Erdenglobus auflöst oder verschwindet, bedeutet das nicht das Ende des Universums; ein anderes Universum tritt an seine Stelle. Ebenso ist es, wenn ihr in einer Organisation arbeitet und dann in den Ruhestand geht. Was geschieht? Ein anderer nimmt euren Platz ein, sobald ihr in den Ruhestand getreten seid. Doch vorher wird man gebeten, eine Übergabe zu machen. So vollzieht sich auch in diesem Fall eine Übergabe und Übernahme. Es geschieht ewig. Selbst Universen geschehen ewig. Alles bleibt in Bewegung, und in dieser Bewegung gibt es auf der einen Seite einen Abstieg und auf der anderen Seite einen Aufstieg von Energien. Der Impuls von Uranus beschleunigt nun den Aufstieg durch ein Hereinströmen absteigender Energien. Folglich bewegt sich das Grobe in die subtile Ebene. Da der Mensch Teil des Gesamtsystems ist, bewegt er sich ebenfalls auf die subtile Ebene. Er würde gut daran tun, seinen nächsten Zustand der subtilen Existenz zu kennen.

Die ätherische Existenz ist eine farbenfrohe Existenz mit vorwiegend goldenem oder leuchtendem Orange. Wenn ich das sage, denkt daran, dass sich dies auf den vierten oder *buddhischen* Zustand des Äthers bezieht. Grobphysische, emotionale und mentale Ebenen bestehen ebenfalls aus Äther, aber es sind dichtere Stadien des Äthers. Der vierte Zustand bezieht sich auf den *buddhischen* Zustand und auch auf das vierte Element Luft. Der Mensch wird luftig und nimmt eine fließende Form an statt der heutigen festen und starren Form. Dies war der Zustand des Menschen in der dritten Wurzelrasse, als er auf dem Abstiegspfad war. Danach wurde er atlantisch und *ârisch*. Auf dem Evolutionspfad erhält er nun wieder die Magie der atlantischen Rasse und die Formbarkeit der lemurischen Rasse.

Uranus hat mit dieser Menschheit viel vor, damit sie aus ihren starren Gedankenstrukturen heraustreten und in die Einheit der Existenz mit der damit verbundenen Flexibilität eintreten kann. Im Hinblick auf den bevorstehenden Wandel existieren zahlreiche große Prophezeiungen. Den Schülern des Okkultismus und *Yoga* wird dringend angeraten, sich nach innen in die Höhle des Herzens zu wenden, die voll goldenen Lichts erstrahlt, und außen in allem den goldenen Äther wahrzunehmen, der allen Formen voraus geht. Das Gewahrsein des Äthers im Inneren und Äußeren ermöglicht eine Verschiebung des Gewahrseins vom groben zum vierten ätherischen Zustand. Dies ist eine eigenständige Übung.

24. Uranus und die Siebenerzyklen

Uranus arbeitet mit der Zahl 7. Uranus ist farblos, obgleich Okkultisten häufig die Farben Kupfersulfat und Aquamarin mit ihm in Verbindung bringen. Sein Klang ist *VAM*, und sein Symbol besteht aus parallelen elektrischen Linien. Von Bedeutung ist auch, dass er der siebte Planet im Sonnensystem ist. Er beeinflusst unseren Planeten und die planetarischen Lebewesen durch die Periodizität von sieben Jahren. Sein Zyklus umfasst 84 Jahre (7 x 12). 84 ist eine interessante Zahl, da sie aus (3 + 4) x (3 x 4) besteht. 3 steht für den unmanifestierten Zustand der Existenz, und 4 repräsentiert den manifestierten Zustand der Existenz. Denkt über diese Zahl und das Werk der Manifestation, Auflösung und erneuten Manifestation nach.

Die Menschen unterliegen einem 7-Jahreszyklus und einem großen Zyklus von 84 Jahren. Mit 84 Jahren, so sagt man, hat man ein vollendetes und erfülltes Leben erreicht. Im Laufe von 84 Jahren erlebt man 1008 reguläre Vollmonde neben den blauen Monden (blue moon ist ein zweiter Vollmond innerhalb eines Monats). Im jetzigen *Kali*-Zeitalter kann der Mensch innerhalb von 84 Jahren Erfüllung erreichen, vorausgesetzt er folgt dem Siebenjahreszyklus, den die Seher aller Zeiten, die gemeinhin als Seher von alters her bezeichnet werden, erstellt haben.

Es wird empfohlen, sein Leben in zwölf Zyklen von jeweils sieben Jahren auszurichten, wie nachfolgend erläutert. Ein Siebenjahreszyklus lässt sich wiederum in Abschnitte von 84 Monaten unterteilen.

1. Zyklus (0 bis 7 Jahre)

In den ersten 7 Jahren gewinnt die inkarnierte Seele langsam die Kontrolle über die Form (den Körper). Im ersten Schritt erlernt sie zuerst den Geschmackssinn, dann den Berührungssinn. Im nächsten Schritt entwickelt sich die Fähigkeit des Hörens und Sehens, zum Schluss der Geruchssinn. Bis alle fünf Sinne dem Denken gehorchen, dauert es 5 Jahre. Ab dem dritten Jahr entwickeln sich die Sprache und die Wunschnatur. Der Körper unterliegt der Zahl 5. Er hat 5 Handlungsorgane: die Hände, die Beine, die beiden Ausscheidungsorgane und die Sprache. Es existiert eine weitere Fünfheit, nämlich die 5 Sinnesorgane: das Ohr, die Augen, die Nase, die Zunge und die Haut. Dazu gehören die 5 Sinne: das Hören, Sehen, Schmecken, Riechen und Fühlen. Alle fünffachen Einheiten bestehen aus 5 Elementen – Äther, Luft, Feuer, Wasser und Materie. Der fünffältige Körper wird durch 5 Lebenspulsierungen angetrieben oder belebt. Diese sind *Prâna* (Einatmung), *Apâna* (Ausatmung), *Udâna* (Anhebung), *Vyâna* (Durchdringung) und *Samâna* (Ausgeglichenheit). Eine ausführliche Darstellung dieser fünf Luftformen findet sich in meinen Lehren über *Prâna* und *Prânâyâma*. Diese Fünfheit bildet zusammen den Körper, den man auch als Drachen bezeichnet. Auf diesem Drachen muss sich die inkarnierte Seele bewegen. Durch Unwissenheit wird die inkarnierte Seele jedoch vom Drachen gefangen gehalten. Damit ihn die inkarnierte Seele richtig benutzen kann, muss der Drache geschult und freundlich gezähmt werden.

Der fünffältige Körper verfügt über zwei weitere Prinzipien im Menschen: die Sprache und das Denken. Zusammen mit diesen kann der

Mensch ab dem 7. Lebensjahr die Bühne des Lebens betreten. Es dauert 7 Jahre, bis alle 7 Aspekte bezüglich des Körpers vollkommen entwickelt sind. Der erste Siebenjahreszyklus bezieht sich daher auf das Wachstum der ursprünglichen 7 Prinzipien. Im ersten Abschnitt von 7 Jahren lebt die inkarnierte Seele ausschließlich in der liebevollen Obhut der Eltern. Bis zu ihrem siebten Jahr müssen die Kinder beschützt werden, so wie ein Gärtner die Schösslinge in seinem Garten hegt und pflegt. Den Eltern wird empfohlen, in diesem Siebenjahreszyklus auf das richtige Umfeld, nahrhaftes Essen und eine liebevolle Fürsorge der Kinder zu achten, damit sich die menschliche Psyche gut in ihrem Träger, d. h. dem Körper, entfalten kann.

2. Zyklus (7 bis 14 Jahre)

Der zweite Zyklus von 7 Jahren beginnt mit einem Sakrament, d. h. mit der Einweihung in Bildung und Erziehung. Die Erziehung richtet sich im siebten Jahr auf das Denken wie auf die Seele, bevor der zweite Siebenjahreszyklus beginnt. Das Denken sollte konstruktiv, strukturiert und organisiert sein, um die Kontrolle über den physischen Körper, den Sinneskörper und die Sprache zu erlangen. Auch das Denken wird einer Schulung unterzogen. Gegenstand der allgemeinen Erziehung ist es, dem Kind zu lehren, wie es denken und sprechen soll, wie und wann es die Sinne bzw. den Körper benutzt, wann es schlafen, aufstehen und sich ausruhen soll. Heute ist uns diese Erziehung völlig abhanden gekommen. Erziehung wird verwechselt mit dem Lernen von Lesen und Schreiben. Die Eltern sind ängstlich darauf bedacht, dass ihr Kind das Alphabet lernt. Sie wissen heute nicht mehr, dass Erziehung zunächst nichts mit Lesen und Schreiben zu tun hat.

Traditionellerweise wird ein Kind ab dem 5. Lebensjahr in die Erziehung eingeweiht als Vorbereitung auf die bedeutsame Erziehung ab dem 7. Jahr. Es lernt die richtigen Verhaltensweisen, um langsam die Kontrolle über seinen physischen Körper und Sinneskörper zu erlangen. Im darauf folgenden Zyklus vom 7. bis zum 14. Lebensjahr wird sehr viel Wert darauf gelegt, dass das Kind eine gute Kontrolle über seinen Körper, die Sinne und die Sprache gewinnt, während gleichzeitig auch das Denken eine Schulung erhält. Die Schulung des Denkens bleibt eine lebenslange Aufgabe, während die Schulung des Körpers und der Sinne am Ende der ersten vier Siebenjahreszyklen abgeschlossen ist. Danach kristallisieren sich die körperlichen Gewohnheiten bis zum Ende des 5. Lebenszyklus aus, so dass bezüglich des Körpers und der Sinne keine weiteren Fortschritte mehr möglich sind.

Vom siebten Lebensjahr an muss die Sprache einer Disziplin unterworfen werden. Es wird gelehrt, wie Gedanken und Sprache richtig koordiniert werden, damit der Mensch seine Gedanken angemessen ausdrücken kann. Die Sprache kann den Menschen aufbauen oder zerstören. Daher erhält die Schulung der Sprache im 2. Zyklus höchste Aufmerksamkeit.

Somit beginnt im 2. Abschnitt von sieben Jahren eine vierfältige Schulung, die sich auf den Körper, die Sinne, die Sprache und die Gedankenmuster bezieht. Das Kind braucht einen guten Rhythmus vom Aufstehen am Morgen bis zum Schlafengehen. Es sollte ihm nicht gestattet sein, seine Sinne unregelmäßig zu benutzen. Alle vier Aspekte erhalten gleichermaßen Beachtung, um ein gesundes Wachstum zu sichern, so wie ein Gärtner darauf achtet, dass seine Pflanzen gut wachsen.

In der zweiten Hälfte des zweiten Zyklus verändert sich die Konstitution des Menschen: das Mädchen entwickelt sich zur Frau, während der Junge langsam zum Mann heranreift. Diese biologische Veränderung setzt ab dem 10. Lebensjahr ein und führt zur Ausprägung der männlichen bzw. weiblichen Geschlechtsmerkmale. Bis zum 10. Lebensjahr haben Jungen und Mädchen dieselbe Konstitution – sie sind männlich-weiblich. Später entwickeln sich die Körper auseinander und werden entsprechend mehr männlich oder weiblich. Folglich wächst der Drang nach dem anderen Geschlecht. Diese psychologische Veränderung vollzieht sich langsam in der zweiten Hälfte des zweiten Zyklus und setzt gleichzeitig unglaubliche Energien frei. Diese müssen geordnet, reguliert und auf konstruktive Zwecke ausgerichtet werden, was sich zur größten Herausforderung im 3. Zyklus gestaltet.

Während das Lernen im Hinblick auf die drei oben genannten Aspekte weitergeht, kommt eine neue Herausforderung hinzu, die insbesondere im 3. Zyklus gemeistert werden muss.

3. Zyklus (14 bis 21 Jahre)

Dieser Zyklus wird als eine Zeit intensiver Arbeit betrachtet. Alles, was in diesem Zyklus nachhaltig gelernt wird, hat weitreichende Folgen und fördert oder blockiert die zukünftige Reise der inkarnierten Seele. In diesem Zeitabschnitt strahlt der Mensch viel Fortpflanzungsenergie aus, eine Energie, die auch für kreative Zwecke genutzt wird. Wie beim Geld kann man diese Energie konstruktiv oder verschwenderisch einsetzen. Die Seher warnten, dass Jugendliche zwischen 14 und 21 Jahren viel stärker behütet werden müssten, damit sie nicht in sexuelle Aktivitäten abgleiten und dadurch substantielle Energien verlieren. In dem Maße, in dem Jugendliche in diesem Alter ihre sexuellen Bedürfnisse ausleben, werden sie geschwächt und können diese Energien nicht mehr für die oben genannten vierfältigen konstruktiven Zwecke verwenden: Schulung des Denkens, Regulierung der Sinne, Kontrolle

des Bewusstseins sitzen. Dadurch verspürt man weder Hunger noch Durst. Die hier vorgeschlagene Meditation besteht aus einer Kontemplation über die Brücke zwischen dem *Âjnâ*- und dem *Sahasrâra*-Zentrum. Wird sie aufrichtig durchgeführt, braucht man weder zu Essen noch zu Trinken. Das Hunger- und Durstgefühl sowie das Körperbewusstsein verschwinden von allein, wenn man bis ins Kehlzentrum hinaufsteigt. Bei der Meditation lässt man sich im *Âjnâ*-Zentrum nieder, und das Fasten wird zu einem natürlichen Geschehen. Die Brücke zwischen dem *Âjnâ*- und dem *Sahasrâra*-Zentrum wird von Meister *CVV* als 'Höhere Brücke' beschrieben. Er gibt ein *Mantra*, um über diese Brücke zu meditieren – 'Higher Bridge Beginning'. Wenn man dieses *Mantra* äußert, kann man über den Pfad von *Vena* kontemplieren, der im Palast von *Varuna* residiert.

Während der Fluss *Vena* in den sieben Unterebenen der siebten Ebene existiert, wird sein Strömen in den anderen sechs Ebenen mit ihren sieben Unterebenen *Varuni* genannt. Auf diese Weise ist auf allen Ebenen der Existenz ein Verstehen möglich.

Im Menschen und im Kosmos existieren auf allen sechs Ebenen sechs Nervengeflechte, die durch Absonderung von Sekreten den Fluss aufrecht halten. In den *Purânen* wird diese Sekretion, die auf allen Ebenen geschieht, auch als der Fluss *Gow* bezeichnet – was für Cow (Kuh) steht. Somit beherbergt der Palast von *Varuna* den Fluss *Vena*, der als *Varuni* in den sechs Ebenen fließt, sowie den Fluss *Gow*, der an den Schwellen aller Ebenen und Unterebenen Sekrete absondert.

Die Hauptwaffe von *Varuna* ist *Pâša*, die Schlinge. Die Schlinge ist eine bildliche Darstellung für das Verständnis, das beim Abstieg auf jeder Ebene und Unterebene immer enger wird. Das umfassendere Verständnis der höheren Ebenen wird auf der dichten physischen Ebene so eng wie die Ringe einer Schlange, die sich am Schwanzende fast auf einen Punkt verengen. Das menschliche Hirn lässt sich mit der Haube einer Schlange vergleichen, die Wirbelsäule mit dem Körper der Schlange. Der Punkt am Ende der Wirbelsäule entspricht dem Schwanzende. In dem Maße, wie das Bewusstsein des Menschen wächst, erweitert sich sein

Verständnis (und umgekehrt). Das oberste Ziel okkulter Praktiken sollte es sein, die Ringe auszudehnen. In der untersten Ebene spricht man von den Saturnringen, in der mittleren Ebene von den Jupiterringen, und in der höchsten Ebene von den Ringen des Uranus, die sind und wiederum nicht sind.

Die Schlinge von *Varuna* ist eine Waffe, die häufig auf Darstellungen von Hindu-Gottheiten zu finden ist, einschließlich beim Herrn des Todes, bei der *Gâyatrî* und bei *Ganesha*. Die Gottheiten mit einer *Pâša* in den Händen erinnern die Wesen daran, dass sie konditioniert sind und sich von ihren Konditionierungen befreien sollen.

Neutralisierung des *Karma*

Die wichtigste Eigenschaft des *Gandharva Vena* ist die Neutralisierung von bindendem *Karma*. Wird die oben angegebene Meditation regelmäßig ausgeführt, löscht der *Gandharva* das bindende *Karma* und hilft, die Lebewesen emporzuheben.

Meister *CVV* gibt für diesen Zweck eine spezielle Meditation:

> "***Vena*, the *Gandharva*,
> is wiping off the pictures
> of the subconscious mind
> on the walls of my nature
> with the hieroglyphs of sounds
> from his seven stringed lyre."

„*Vena*, der *Gandharva*,
wischt die Bilder
des unterbewussten Denkens
von den Wänden meiner Natur
mit den Klang-Hieroglyphen
seiner siebensaitigen Lyra."

Anhang

I. Nützliche wissenschaftliche Informationen für *Yoga*-Studenten

1. *Varuna* ist die kosmische Basis für jedes Verstehen. Ohne *Varuna* gibt es kein Verständnis.
2. *Varuna* ist unermesslich.
3. *Varuna* ist das Klangprinzip auf der solaren Ebene.
4. *Varuna* verursacht eine Bewegung, die den Beginn der Schöpfung anzeigt.
5. Durch die Entdeckung von Uranus kam es auch zur Entdeckung von Uran, Radium und Polonium in Mineralien sowie im Menschen. Dadurch wurde die Energie von Uranus in den höheren Kreisen, in den niederen Kreisen und im Menschen stimuliert.
6. Planetarische Hierarchien werden durch Uranus in Erscheinung treten.
7. Alle Rassen der Erde werden durch Uranus verschmolzen, um eine neue Rasse hervorzubringen.
8. Unter dem Einfluss von Uranus werden Wissenschaftler den Zwischenraum zwischen

Raum und Atom ergründen. Dies wird durch eine Reihe von Entdeckungen geschehen.
9. Durch den Einfluss von *Varuna* über Uranus erkennt der wissenschaftliche Mensch dieses Zeitalters, dass er, ohne seinen Standort zu verändern, Zeit und Raum gewinnt.
10. Uranus bewirkt eine Beschleunigung der Evolution auf allen Ebenen.
11. 'Biegen oder brechen' ist das Motto von Uranus. Seine Natur ist Veränderung.
12. Konzepte verkehren sich in ihr Gegenteil.
13. Der spirituelle Kern im Menschen wird stimuliert und die spirituelle Entwicklung beschleunigt.

Aus dem Buch SPIRITUELLE ASTROLOGIE von Ekkirala Krishnamacharya (Meister *EK*)

II. Tabelle zu den sieben Strahlen (Teil 1)

Strahl	siebenfältige Existenz	Qualität des Strahls	Name des Strahls	Ebene	Symbol
1	Geist	Wille	*Sushumnâ*	Existenz	
2	Seele	Liebe-Weisheit	*Harikeša*	Bewusstsein	
3	Ebene der Liebe	intelligente Aktivität	*Višvakarma*	Liebe	
4	Ebene der Weisheit/ *Buddhi*	Harmonie	*Višva-tryarchas*	Weisheit	
5	Ebene der Gedanken	konkrete Wissenschaft	*Sannaddha*	Denkvermögen	
6	Ebene der Emotionen	Hingabe	*Sarvâvasu*	Sinne	
7	Ebene der physischen Handlung	Gesetz und Ordnung	*Svarâj*	Körper	

II. Tabelle zu den sieben Strahlen (Teil 2)

Strahl	Farbe	Drüse	Körperzentrum (*Chakra*)	Sanskrit-Name des *Chakras*	Planet
1	indigo	Zirbeldrüse/ Epiphyse	Kopfzentrum	*Sahasrâra*	Sonne ☉
2	blau	Hypophyse/ Hirnanhangdrüse	Zentrum zwischen Augenbrauen	*Âjnâ*	Jupiter ♃
3	leuchtend grün/ aquamarin	Schilddrüse	Kehlzentrum	*Višuddhi*	Merkur ☿
4	goldgelb	Thymusdrüse	Herzzentrum	*Anâhata*	Venus ♀
5	orange	Bauchspeicheldrüse	Nabelzentrum/ Solarplexus	*Manipûraka*	Mond ☽
6	silbergrau	Nebennieren	Sakralzentrum	*Svâdhistâna*	Mars ♂
7	grün	Keimdrüsen	Basiszentrum am Ende der Wirbelsäule	*Mûlâdhâra*	Erde ⊕

II. Tabelle zu den sieben Strahlen (Teil 3)

Strahl	korrespondierendes Prinzip	Zahlpotenz	korrespondierender Planet	Edelstein	Nahrungsmittel
1	Wille	1	Sonne ☉	Diamant	Weizen
2	Liebe-Weisheit	2	Mond ☽	Perle	Milch
3	intelligente Aktivität	9	Mars ♂	Koralle	Linsen
4	Anziehungskraft zu Schönheit u. Herrlichkeit	5	Merkur ☿	Smaragd	gelbe Linsen
5	Widerspiegelung, Denken, Reaktion	3	Jupiter ♃	Topas	Kichererbsen
6	Kraft	6	Venus ♀	Saphir	Reis
7	Materiekörper	8	Saturn ♄	*Indra-Nîlam*	Sesam

II. Tabelle zu den sieben Strahlen (Teil 4)

Strahl	Tag	*Âsana*	Mineral
1	Sonntag	*Širasâsana*	Gold
2	Montag	*Siddhâsana* *Ardhamatsyen*	Silber
3	Dienstag	*Shalabâsana* *Bhanurâsana* *Sarvângâsana*	Eisen
4	Mittwoch	*Siddhâsana*	Quecksilber
5	Donnerstag	*Chakrâsana* *Halâsana*	Zinn
6	Freitag	*Pašchimottâsana*	Kupfer
7	Samstag	*Bhujangâsana*	magnetisches Eisen

III. Über den Verfasser

K. Parvathi Kumar, geboren am 7. November 1945 in Vijayawada (Indien), studierte Jura und Wirtschaftswissenschaften an der Andhra Universität von Visakhapatnam, die ihm im Jahre 1997 für seine Verdienste den 'Doctor of Letters h. c., D. Lit.' verlieh. Dr. K. Parvathi Kumar arbeitet auf der Grundlage der Spiritualität im wirtschaftlichen, kulturellen und sozialen Bereich. Er sagt, dass die Spiritualität keinen Wert hat, solange sie nicht zum wirtschaftlichen, kulturellen und sozialen Gemeinwohl der Menschheit beiträgt.

Neben seiner beruflichen Tätigkeit und den Verpflichtungen als Familienvater führt er Menschen in Indien, Europa, in Süd- und Nordamerika in die Weisheitslehre ein.

Dr. K. Parvathi Kumar hat ein tiefes Wissen in der Symbolik der Weltschriften und ist ein ausgezeichneter Kenner der Astrologie und Homöopathie. In seinen Vorträgen und Seminaren zeigt er Zusammenhänge und Übereinstimmungen zwischen der christlichen Lehre, den *vedischen* Schriften und den theosophischen Büchern von H. P. Blavatsky und Alice A. Bailey. Seine Themen umfassen die Bereiche Meditation, *Yoga*, Astrologie, Heilen, Farbe, Klang, Symbolik, Zeitzyklen, vergleichendes Studium der Weltschriften usw.

Diese Arbeit übt Dr. K. Parvathi Kumar ehrenamtlich aus, denn er sagt: „Weisheit ist kein persönliches Eigentum. Man kann sie nicht besitzen.

Wichtig ist es, folgende Werte als Grundlagen des menschlichen Lebens zu verstehen: miteinander zu teilen, sich füreinander verantwortlich zu fühlen und füreinander zu leben."

Der Herausgeber

IV. Über den Verlag

Die Edition Kulapati arbeitet im Rahmen des World Teacher Trust e. V., um Menschen Zugang zur zeitlosen Weisheit anzubieten.

Der World Teacher Trust wurde im Jahre 1971 von Dr. Ekkirala Krishnamacharya in Visakhapatnam (Indien) ins Leben gerufen. Heute ist Dr. K. Parvathi Kumar Präsident des internationalen World Teacher Trust. Mehr als 18 Jahre arbeitete er mit Dr. Ekkirala Krishnamacharya zusammen und begleitete ihn auf seinen Reisen durch Europa.

Um die geistige Synthese zwischen Ost und West zu fördern, wurde der World Teacher Trust auch in Europa und Amerika gegründet. Die Edition Kulapati veröffentlicht die deutschen Übersetzungen der Bücher dieser beiden großen Lehrer der spirituellen Wissenschaften.

Die Veröffentlichung der Bücher wird durch freiwillige Mitarbeit von Personen ermöglicht, die dem World Teacher Trust nahestehen. Die Einnahmen aus der Verlagstätigkeit werden nur für die Veröffentlichung neuer Bücher und für Folgeauflagen verwendet.

Die Bücher können über den Buchhandel bezogen werden oder direkt beim Verlag unter: http://www.kulapati.de.

In deutscher Übersetzung sind bei der Edition Kulapati im World Teacher Trust die folgenden Bücher von Ekkirala Krishnamacharya erschienen:
- DER YOGA DES PATANJALI
  (Gesamtausgabe Teil 1 und Teil 2)
- DIE WEIHEIT DES PYTHAGORAS
- DIE WISSENSCHAFT DER HOMÖOPATHIE
- EINWEIHUNG
- MANDRA GITA – EINE BHAGAVAD GITA FÜR DAS WASSERMANNZEITALTER
- MEDITATION ZUM VOLLMOND
- MEISTER CVV
- MUSIK DER SEELE
- MYSTISCHE MANTREN UND MEISTER CVV
- OPFER DES MENSCHEN
- SPIRITUELLE ASTROLOGIE
- SPIRITUELLE PSYCHOLOGIE
- WEISHEITSGESCHICHTEN

In deutscher Übersetzung sind bei der Edition Kulapati im World Teacher Trust die folgenden Bücher von K. Parvathi Kumar erschienen:

- AGNI – DAS FEUERRITUAL UND SEINE SYMBOLIK
- BLÄTTER AUS DEM ASHRAM — ASHRAM LEAVES
- DAS WASSERMANNKREUZ
- DATTATREYA – SYMBOL UND BEDEUTUNG
- DER ÄTHERKÖRPER
- DER WASSERMANN-MEISTER
- DER WEG ZUR UNSTERBLICHKEIT – DAS VENUSPRINZIP
- DER WEISSE LOTUS — THE WHITE LOTUS
- DIENST – EINE LEBENSART — ON SERVICE
- DIE THEOSOPHISCHE BEWEGUNG
- GEBETE — PRAYERS
- GESUNDHEIT UND HARMONIE
- HERKULES – DER MENSCH UND DAS SYMBOL
- INVOKATIONEN DER VIOLETTEN FLAMME — VIOLET FLAME INVOCATIONS
- JUPITER
- MANTREN – BEDEUTUNG UND ANWENDUNG
- MEISTER EK – DER LEHRER DES NEUEN ZEITALTERS
- MITHILA – GRUNDLAGEN EINER SPIRITUELLEN ERZIEHUNG

- Okkulte Meditationen
- Sankhya – Die heilige Lehre
- Saraswathi – Das Wort
- Shirdi Sai Sayings – Worte der Weisheit
- Spiritualität und Geschäftswelt
- Spirituelles Heilen
- Über die Liebe
- Über die Stille
- Über Veränderung – on Change
- Vidura, Lehren der Weisheit
- Zeit – Der Schlüssel